Mitología sumeria

Mitos fascinantes de los dioses, diosas y criaturas legendarias de la antigua Sumeria y su importancia para los sumerios

© Copyright 2020

Todos los derechos reservados. Ninguna parte de este libro puede ser reproducida de ninguna forma sin el permiso escrito del autor. Los revisores pueden citar breves pasajes en las reseñas.

Descargo de responsabilidad: Ninguna parte de esta publicación puede ser reproducida o transmitida de ninguna forma o por ningún medio, mecánico o electrónico, incluyendo fotocopias o grabaciones, o por ningún sistema de almacenamiento y recuperación de información, o transmitida por correo electrónico sin permiso escrito del editor.

Si bien se ha hecho todo lo posible por verificar la información proporcionada en esta publicación, ni el autor ni el editor asumen responsabilidad alguna por los errores, omisiones o interpretaciones contrarias al tema aquí tratado.

Este libro es solo para fines de entretenimiento. Las opiniones expresadas son únicamente las del autor y no deben tomarse como instrucciones u órdenes de expertos. El lector es responsable de sus propias acciones.

La adhesión a todas las leyes y regulaciones aplicables, incluyendo las leyes internacionales, federales, estatales y locales que rigen la concesión de licencias profesionales, las prácticas comerciales, la publicidad y todos los demás aspectos de la realización de negocios en los EE. UU., Canadá, Reino Unido o cualquier otra jurisdicción es responsabilidad exclusiva del comprador o del lector.

Ni el autor ni el editor asumen responsabilidad alguna en nombre del comprador o lector de estos materiales. Cualquier desaire percibido de cualquier individuo u organización es puramente involuntario.

Índice

INTRODUCCIÓN	1
PARTE I: CUENTOS DE DIOSES Y DIOSAS	5
ENKI Y NINMAH	5
ENLIL Y NINLIL	8
ENKI Y NINHURSAG	12
LAS HAZAÑAS DE NINURTA	18
EL VIAJE DE NANNA A NIPPUR	25
INANNA Y EBIH	29
DUMUZI Y ENKIMDU	33
EL MATRIMONIO DE MARTU	35
PARTE II: CUENTOS DE REYES Y HÉROES	39
ENMERKAR Y EL ENSUHKESHDANNA	39
LUGALBANDA EN LA CUEVA DE LA MONTAÑA	45
LUGALBANDA Y EL PÁJARO ANZU	50
EL SUMERIO GILGAMESH	57
PARTE I: INANNA Y EL ÁRBOL HULUPPU	57
PARTE II: ENKIDU EN EL INFRAMUNDO	60
PARTE III: GILGAMESH Y HUWAWA	66
PARTE IV: GILGAMESH Y AGA	74

SARGÓN Y UR-ZABABA 77
BIBLIOGRAFÍA 82
GLOSARIO 85

Introducción

La literatura sumeria comprende una de las colecciones más antiguas de documentos escritos del mundo. Al igual que otros cuerpos de mitología creados por innumerables culturas, el corpus sumerio contiene historias que explican los orígenes del mundo, mitos sobre las acciones y debilidades de deidades demasiado humanas y seres semidivinos, cuentos de magia y milagros, y épicas que detallan las poderosas hazañas de los héroes que por su gran fuerza y habilidad superan tanto a bestias peligrosas como a enemigos humanos. Entre los textos sumerios que han sobrevivido se encuentran también varios textos religiosos compuestos por Enheduanna, la hija de Sargón de Acad y la alta sacerdotisa del templo del dios de la luna Nanna, así como el primer autor nombrado en la historia de la humanidad.

El sistema de escritura utilizado para registrar textos sumerios de todo tipo se conoce como cuneiforme, por su uso de un lápiz en forma de cuña para imprimir símbolos en tablillas de arcilla blanda que luego se dejaban secar, o a veces se cocinaban en un horno, para preservar la escritura (la palabra "cuneiforme" tiene sus raíces en la palabra latina *cuneus*, que significa "cuña"). Este sistema, que se cree que es la forma de escritura más antigua del mundo, fue posteriormente adaptado en toda Mesopotamia por hablantes de lenguas como el acadio y el persa antiguo. Aunque un número incalculable de estas tablillas se han perdido por completo, miles de ellas han sobrevivido hasta el día de hoy. Sin embargo, muchas de las tablillas sobrevivientes han llegado hasta nosotros rotas y, por lo tanto, incompletas, lo que ha ocasionado dificultades para traducir y reconstruir los textos que comenzaron a escribirse hace casi cinco mil años.

La antigua civilización sumeria comenzó en el llamado "Creciente Fértil", un área alrededor y entre los ríos Tigris y Éufrates en lo que hoy es Irak. Desde alrededor del 3000 a. C., los sumerios ocuparon el extremo sur de este Creciente, cerca de las desembocaduras de los ríos y no lejos del golfo Pérsico. El pueblo sumerio fue uno de los primeros de la región en practicar la agricultura y en crear ciudades-estado. Fueron pioneros en muchas técnicas importantes en el trabajo de los metales, la creación de textiles y la cría de animales, y con su invención de la escritura cuneiforme, no solo inscribieron sus textos religiosos sino que también llevaron registros muy meticulosos de sus negocios y crearon el primer corpus de ley escrita.

El sumerio es lo que se conoce como un "lenguaje aislado", lo que significa que no parece tener relación con ningún otro idioma. Alrededor del año 2000 a. C., el sumerio dejó de utilizarse como lengua hablada y fue sustituido como lengua vernácula por el acadio (una lengua semítica relacionada con el amárico y el árabe modernos); sin embargo, el sumerio permaneció como lengua literaria y ritual de élite durante muchos siglos después. Una consecuencia de estos cambios en el uso del idioma es que los textos sumerios se registraron tanto en formas sumerias monolingües como en formas bilingües junto con las versiones acadianas.

La definición de lo que constituye el mito "sumerio" se complica no solo por la situación lingüística sino por otros acontecimientos históricos y realidades culturales. Sumeria fue absorbida por el imperio Acadio en 2234 a. C., y hay una generosa cantidad de superposición entre las religiones sumeria y acadia y la mitografía que puede hacer difícil separar una de la otra. Por lo tanto, para los propósitos de este libro, he seguido las listas y la categorización de las narrativas proporcionadas en el Corpus de Texto Electrónico de la Literatura Sumeria (ETCSL por sus siglas en inglés) creado por la Facultad de Estudios Orientales de la Universidad de Oxford.

Los mitos presentados en el presente volumen incluyen relatos de dioses y diosas, tanto mayores como menores, así como de reyes y héroes, tanto históricos como míticos. Uno de estos reyes es el héroe de lo que muchos estudiosos creen que es la primera epopeya escrita: Gilgamesh. Las historias sobre Gilgamesh -un rey sumerio histórico que más tarde se deificó y mitologizó- y sobre sus ilustres (y probablemente míticos) antepasados, Lugalbanda y Enmerkar, forman un importante subconjunto de las narraciones registradas en el idioma sumerio, y los mitos sumerios constituyeron la base de la expansión de la epopeya acadiana más conocida por los lectores modernos. La historia de Sargón de Acadia es también sobre una figura histórica real, aunque una para la que tenemos más pruebas fiables que para Gilgamesh. Sin embargo, los eventos relatados en la historia explican cómo Sargón llegó a ser rey han sido mitificados, probablemente como parte de un intento de dar legitimidad política y religiosa al reinado de Sargón.

Al igual que las historias de Gilgamesh están ambientadas en lugares que son a la vez históricos y míticos, también los cuentos de los dioses crean una superposición entre el mundo físico y el mundo del mito. En los mitos sumerios, Enlil vive en su casa, el E-kur, en la ciudad sumeria de Nippur, pero esta no es simplemente una casa mítica poblada por seres míticos: El E-kur fue la estructura real hecha por los sumerios como un templo para la adoración de Enlil. Y así como histórica, en realidad la Nippur física fue un lugar de peregrinación, y también lo es en el mito, como vemos en la historia del viaje de Nanna a esa ciudad para visitar a su padre divino, Enlil.

Además de crear conexiones entre el mundo humano y el divino, los mitos sumerios explican cómo llegó a existir el mundo en primer lugar. Estos mitos establecen el orden cósmico, que coloca a los dioses mayores, o Annunaki, en la cima de la jerarquía, con los dioses menores, o Igigi, debajo de ellos. Debajo de los Igigi están los seres humanos, que, según los sumerios, fueron creados para hacer el trabajo de construcción y agricultura que los Igigi originalmente habían sido asignados a hacer, haciendo así a los seres humanos responsables no solo de su propio sustento sino también del de los dioses. Otras historias cuentan cómo algunas de las deidades menores llegaron a ser, a menudo como resultado tanto de la violación como del incesto. Vemos esto en la historia de Enki y Ninhursag, por ejemplo.

La fuerza heroica capaz de poner a las montañas de rodillas es la competencia de las deidades masculinas y femeninas en el mito sumerio. El dios Ninurta lucha contra el malvado Asag y reorganiza las montañas para permitir que el Tigris y el Éufrates fluyan, mientras que la diosa Inanna derriba el monte Ebih en venganza por la negativa de la montaña a reverenciar a la diosa.

Preocupaciones humanas menos elevadas también están encapsuladas en otros dos mitos que explican algo sobre las interacciones de las diferentes culturas. La historia de Dumuzi y Enkimdu es una versión mitológica de los conflictos potenciales entre los pueblos pastores y agrícolas, mientras que la historia del matrimonio de Martu explica la fusión del pueblo nómada Amorite con culturas más asentadas y urbanizadas.

Los textos sumerios originales de estas historias son de naturaleza poética y a menudo contienen un número significativo de frases repetidas. Para los propósitos de este libro, he traducido las historias en prosa y he simplificado las repeticiones para que el lenguaje fluya como tal. También he incluido un glosario de nombres y lugares para los lectores modernos que no estén familiarizados con la mitografía sumeria. Pero como quiera que se transmitan estas historias, siempre nos dirán cómo este pueblo antiguo entendía su mundo y su lugar en él, así como sobre las costumbres y relaciones que consideraban más importantes.

Parte I: Cuentos de dioses y diosas

Enki y Ninmah

Este mito de la creación es a la vez inusual e importante en el sentido de que trata no solo del establecimiento del orden cósmico y de cómo llegó la humanidad, sino también directamente de la cuestión de la discapacidad humana. Aquí Enki desafía a Ninmah (la diosa madre también conocida como Ninhursag) a crear un ser con un defecto que no se pueda arreglar, pero cada vez que Ninmah presenta a Enki una de sus creaciones discapacitadas, Enki decreta un lugar para ellas en la sociedad. Después de que Ninmah hace varios intentos de superar a Enki y fracasa, Enki declara que es su turno de crear algo. Cuando Enki crea un ser tan discapacitado que Ninmah no puede encontrar una solución, el concurso llega a su fin, aunque la parte final de la historia está fragmentada, y no está claro qué ocurre con la creación de Enki o cómo se decide la aparente victoria de Enki sobre Ninmah.

En su diccionario de mitología del Cercano Oriente, la asirióloga Gwendolyn Leick tiene una interpretación algo diferente para el personaje de Umul, la criatura hecha por Enki. Basándose en la lista de las características de Umul, Leick sugiere que en lugar de ser un adulto severamente discapacitado, esta criatura es, de hecho, el primer bebé.

Cuando los cielos y la Tierra fueron creados por primera vez, solo había dioses y diosas para que vivieran en ellos. Las diosas se convirtieron en las esposas de los dioses, y los dioses hicieron el trabajo de moldear la Tierra. Los Annunaki actuaron como planificadores y supervisores, determinando lo que debía hacerse. Los Igigi hacían el trabajo según las órdenes de los Annunaki. Los Igigi cavaban los lechos de los ríos, y apilaban las montañas. Era un trabajo pesado, y los Igigi estaban descontentos.

Mientras se realizaba ese trabajo, Enki, el dios de la sabiduría, se había retirado a su cámara en el Apsu, donde descansaba. Mientras los Annunaki planeaban y los Igigi trabajaban duro, Enki dormía. Los Igigi se dijeron entre ellos—Es culpa de Enki que debamos trabajar así. —pero Enki siguió durmiendo y no escuchó sus quejas.

Finalmente, Namma, gran madre de los dioses, fue a ver a Enki y lo despertó—. Levántate de tu cama, Enki. Los dioses están descontentos con sus trabajos y han empezado a rebelarse. Levántate de tu cama y ayúdalos. Crea un sustituto para ellos, uno que pueda hacer esta labor en su lugar.

Enki se levantó de su cama y fue a su cámara del consejo, donde pensó mucho sobre lo que se debería hacer. Finalmente, creó dos diosas de nacimiento. Luego llamó a su madre Namma y le dijo—: Toma una medida de arcilla y mézclala con gotas de mi sangre. Cuando esté bien mezclada, córtala en porciones, y con la ayuda de tus diosas compañeras, da forma a los trozos de arcilla en seres.

Y así fue como Enki y las diosas crearon a hombres y mujeres. A los nuevos seres se les dio vida, y cuando los hombres y mujeres se vieron, deseaban casarse. Cada hombre se casó con una de las mujeres, y pronto tuvieron sus propios hijos. Enki y las diosas colocaron a los nuevos seres en la Tierra y les dieron las labores que los Igigi habían hecho antes. Liberados de sus tareas, los dioses cayeron a los pies de Enki y lo alabaron por su sabiduría. Luego declararon una gran fiesta para celebrar los trabajos de Enki.

En la fiesta, Enki y Ninmah bebieron cerveza juntos. Ninmah le dijo a Enki—Tengo el poder de decretar el destino de los seres humanos. Puedo hacer que sus cuerpos estén bien o mal. Este es un poder que tengo.

Enki respondió—Bueno, entonces, cualquier destino o forma que decretes para los seres humanos, puedo cambiarlo a su opuesto.

Así que Ninmah tomó un trozo de arcilla y lo transformó en un hombre con manos débiles y marchitas que no podía agarrar nada. Enki vio esto y decretó que debía ser un sirviente del rey.

Ninmah tomó otro trozo de arcilla y lo convirtió en un hombre ciego. Enki le dio al ciego el regalo de la música y lo puso a cantar en presencia del rey.

Ninmah hizo un tercer hombre, uno con los pies malformados. Enki le dio al hombre con los pies malformados el regalo de la platería y lo puso a trabajar haciendo cosas bonitas para el rey.

Luego Ninmah hizo un hombre incontinente, cuya orina se filtraba constantemente de su cuerpo. Enki tomó al hombre y lo bañó en el agua que había bendecido, y el hombre se curó.

Ninmah hizo una mujer que no podía tener hijos. Enki le dio a la mujer el don de tejer y la envió a hacer una hermosa tela en la casa de la reina.

Otra persona que Ninmah hizo, una que no era ni hombre ni mujer. Enki decretó que este ser debía ser llamado eunuco y que debía trabajar como sirviente en la casa del rey.

Ninmah estaba furiosa, porque Enki la había vencido todas las veces. Ella tomó el último pedazo de arcilla que quedaba y lo tiró al suelo. Los dioses vieron esto, y la sala de fiestas se quedó en silencio.

—Has hecho seis seres, y les he dado regalos para que puedan vivir—dijo Enki—. Vamos, déjame crear un ser, y debes decretar su destino.

Enki creó un nuevo ser, y se llamó Umul. Era débil y marchito. Se le veían todas sus costillas. No podía sostener su cabeza. No podía caminar ni hablar. No podía comer ni beber. Entonces Enki le dijo a

Ninmah—Le di regalos a todas tus criaturas para que vivieran; ahora tú debes hacer lo mismo con la mía.

Ninmah fue a Umul y habló con él, pero no respondió. Ella le ofreció comida, pero él no pudo aceptarla. Trató de ayudarlo a pararse, trató de ayudarlo a sentarse, pero Umul no pudo hacer esas cosas.

Ninmah fue a Enki y le dijo—No sé qué hacer. Este ser parece no estar ni vivo ni muerto. Ciertamente no puede trabajar y no será capaz de mantenerse a sí mismo.

Enki respondió—Ven ahora. Por cada ser defectuoso que creaste, decreté un destino. Le di a cada uno un regalo.

[*El resto de la historia está fragmentada, pero los trozos sobrevivientes parecen indicar que Enki ganó la competencia. No está claro exactamente qué destino se decretó finalmente para Umul, aunque en la traducción de W. G. Lambert, Enki dice de Umul, "Que haga mi casa"*].

Enlil y Ninlil

Enlil era el dios principal del panteón sumerio. El principal centro de culto para su adoración estaba en la ciudad de Nippur, donde el templo dedicado a él era conocido como el E-kur. Enlil era el primogénito del gran dios An, y como tal, se le solía considerar como un dios que dispensaba juicios y decretaba destinos. A menudo se le asocia con el viento y el aire, y se pensaba que traía prosperidad y calamidad por igual.

Ninlil era la consorte de Enlil, y su nombre es en realidad una referencia honorífica al nombre de su marido. Una versión de la historia de la boda de Enlil y Ninlil afirma que el nombre de Ninlil originalmente era Sud y que recibió su nuevo nombre cuando se casó con Enlil.

La función principal del mito de Enlil y Ninlil es explicar los orígenes de Nanna, Nergal, Ninazu, y Enbilulu, los dioses de la luna, de la guerra y del inframundo, de las fronteras y de los canales, *respectivamente. También posiciona a Ninlil como una diosa madre. Pero como la erudita Gwendolyn Leick observa en su libro sobre los aspectos sexuales y eróticos de la literatura mesopotámica, también podemos ver algunos de los valores que los pueblos antiguos ponían en las normas sociales para los hombres y mujeres jóvenes cuando llegaban a la edad de tener hijos juntos. Leick señala que Enlil es expulsado de los Ki-ur porque tuvo relaciones con Ninlil antes de casarse con ella.*

Aunque sabemos lo que era el E-kur y para qué servía tanto en su manifestación física en la antigua Nippur como en su sentido mítico, el significado de "Ki-ur" sigue siendo incierto. El asiriólogo Samuel Kramer analiza la palabra en algunas notas a pie de página de su artículo sobre el mito del diluvio sumerio, donde sugiere que significa algo así como "campo", refiriéndose aparentemente a las zonas rurales que, aunque habitadas, existen en oposición a las ciudades populosas. En el mito de Enlil y Ninlil, el "Ki-ur" parece referirse a una especie de lugar donde residen los dioses, un lugar que está a la vez fuera de la ciudad y que requiere que quienes entran en ella sean ritualmente puros.

Una vez en la ciudad de Nippur, vivía una joven llamada Ninlil y un joven llamado Enlil. La joven era muy hermosa, y el joven era fuerte y valiente. Ninlil vivía con su madre, una anciana sabia llamada Nunbarshegunu. No había nada que le gustara más a Ninlil que bajar al río y pasear por sus orillas. Pero Nunbarshegunu no quería que su hija bajara al río porque al joven Enlil también le gustaba pasear por las orillas y navegar por el agua.

—Aléjate del río—dijo Nunbarshegunu—, ¡y nunca debes bañarte en él! Ese joven Enlil siempre está ahí. ¿Y si te ve caminando por el río sagrado o bañándote en él? ¿Y si te ve y te desea, y si se sale con la suya? ¿Qué harás entonces?

Ninlil no escuchó a su madre. Todos los días, bajaba al río y caminaba por sus orillas. Un día, Enlil estaba en el río al mismo tiempo que Ninlil. Enlil vio lo hermosa que era Ninlil, y se quedó en trance. Enlil se acercó a Ninlil y le dijo—: ¡Eres tan hermosa! ¡Por favor, déjame besarte, déjame acostarme contigo! ¡No me rechaces, porque te amo!

Pero Ninlil no dejaría que Enlil se acostara con ella. Ella dijo—: Soy demasiado joven para besar a cualquier hombre y ciertamente demasiado joven para acostarme con él. ¿Qué pasa si me pillas con un niño? ¿Qué haré entonces? Además, si mi madre y mi padre se enteraran de lo que hemos hecho, se enfadarían conmigo.

Y así, Ninlil se fue, y Enlil no consiguió su deseo.

Enlil no sabía qué hacer después, así que fue a hablar con Nuska, el Maestro Constructor del E-kur, la Casa de los Dioses—. Nuska— dijo Enlil—, ¿conoces a esa joven que camina a lo largo del río todos los días? Su nombre es Ninlil, y es muy hermosa. Dime, ¿tiene algún otro pretendiente? ¿Alguien la ha besado antes?

Como respuesta, Nuska dijo—: Sube a mi barco, O Enlil, y te llevaré a ella. —Nuska los llevó río abajo, y durante todo el camino, Enlil pensó en lo maravilloso que sería besar a Ninlil y finalmente acostarse juntos.

Muy pronto, Enlil encontró a Ninlil. La besó y derramó su semilla en su vientre, y Ninlil quedó embarazada. Y así fue como Ninlil dio a luz a Nanna, el dios de la luna.

Entonces Enlil fue a la Ki-ur porque tenía la intención de vagar por allí. Pero los dioses habían visto lo que había hecho con Ninlil, y lo hicieron arrestar. Los dioses le dijeron a Enlil que por su acción iba a ser expulsado de la ciudad porque ahora era impuro.

Enlil fue a las puertas para salir de la ciudad. Ninlil lo vio irse y lo siguió. Enlil sabía que Ninlil estaba allí y no quería que Ninlil lo siguiera. No quería que supiera a dónde iba. Cuando Enlil llegó a las puertas de la ciudad, fue al guardián y le dijo—: ¿Ves a la hermosa Ninlil que me sigue? Si pregunta adónde he ido, debes decirle que no lo sabes.

Ninlil llegó a la puerta. Le preguntó al guardián de la puerta a dónde había ido Enlil. Pero el guardián no estaba allí; Enlil había tomado su forma y ocupó su lugar. En la forma del guardián, Enlil dijo—No lo he visto en absoluto, mi señora. No sé dónde está.

—Bueno—dijo Ninlil—, si ese es el caso, entonces debes venir y acostarte conmigo una vez que haya tenido a mi hijo. Porque este es el hijo de Enlil, y como él es tu señor, eso me convierte en tu señora.

El guardián y Ninlil estuvieron juntos y se deleitaron el uno al otro. Enlil derramó su semilla en el vientre de ella, y Ninlil quedó embarazada. Y así fue como Ninlil dio a luz a Nergal, el dios de la guerra y del inframundo.

Entonces Enlil fue al Id-kura, el río que fluye entre la tierra de los vivos y el inframundo, y Ninlil lo siguió. Enlil fue al hombre que vivía al lado del Id-kura y le dijo—: ¿Ves a la hermosa Ninlil que me sigue? Si pregunta adónde he ido, debes decirle que no lo sabes.

Ninlil llegó al río. Preguntó al hombre que vivía junto al río dónde había ido Enlil. Pero el hombre no estaba allí; Enlil había tomado su forma y ocupó su lugar. En la forma del hombre que vivía junto al Id-kura, Enlil dijo—No lo he visto en absoluto, mi señora. No sé dónde está.

—Bueno—dijo Ninlil—, si ese es el caso, entonces debes venir y acostarte conmigo una vez que haya tenido a mi hijo. Porque este es el hijo de Enlil, y como él es tu señor, eso me convierte en tu señora.

El hombre que habitaba en el Id-kura y Ninlil estuvieron juntos y se deleitaron el uno con el otro. Enlil derramó su semilla en el vientre de ella, y Ninlil quedó embarazada. Y así fue como Ninlil dio a luz a Ninazu, el dios que establece los límites de los campos.

Entonces Enlil dejó a Ninlil y se fue caminando a lo largo del río, y Ninlil lo siguió. Enlil fue al barquero y le dijo—: ¿Ves a la hermosa Ninlil que me sigue? Si pregunta adónde he ido, debes decirle que no lo sabes.

Ninlil llegó al río. Le preguntó al barquero a dónde había ido Enlil. Pero el hombre no estaba allí; Enlil había tomado su forma y ocupó su lugar. En la forma del barquero, Enlil dijo—No lo he visto en absoluto, mi señora. No sé dónde está.

—Bueno—dijo Ninlil—, si ese es el caso, entonces debes venir y acostarte conmigo una vez que haya tenido a mi hijo. Porque este es el hijo de Enlil, y como él es tu señor, eso me convierte en tu señora.

El barquero y Ninlil estuvieron juntos y se deleitaron el uno al otro. Enlil derramó la semilla de Enbilulu en su vientre, y Ninlil quedó embarazada. Y así fue como Ninlil dio a luz a Enbilulu, el dios de los canales.

Enki y Ninhursag

Esta historia está ambientada en la tierra de Dilmún, un lugar que es sinónimo de paz y abundancia en la literatura sumeria. Un Dilmún histórico real existió; los eruditos lo han localizado en el lado este de la Península Arábiga a lo largo del Golfo Pérsico. Es probable que Dilmún incluyera lo que hoy es la nación insular de Bahrein y la península que hoy es el estado de Qatar, y fue un importante socio comercial de los pueblos mesopotámicos. Con el tiempo, sin embargo, Dilmún se convirtió en un mito en la literatura sumeria como una especie de paraíso donde no había ni enfermedad ni violencia.

Enki, uno de los personajes principales de este mito, es un dios creador, un embaucador, y está particularmente asociado con el agua. Enki también parece haber sido concebido como una especie de opuesto a Enlil. En su diccionario de mitos del Cercano Oriente, la asirióloga Gwendolyn Leick señala que el nombre Enlil puede traducirse como "Señor Aire", mientras que Enki puede traducirse como "Señor Tierra". Aunque el principal centro de culto de Enlil estaba en Nippur, el templo principal de Enki estaba en Eridu, una ciudad en lo que hoy es el centro sur de Irak, al oeste del río Éufrates.

"Ninhursag" no es más que uno de los muchos nombres de la gran diosa madre sumeria. Ninhursag está particularmente asociada con Enki, y según Leick, el nombre de la diosa es en realidad un título que significa algo así como "Dama de las Colinas Salvajes", nombre que le da su heroico hijo, Ninurta, en el mito de su batalla contra la malvada criatura Asag.

Esta historia explica los orígenes de varias deidades menores. Primero son Ninsar, Ninkura y Uttu, que estaban asociadas con las plantas, los pastos de montaña y el tejido, respectivamente. Como es común en la mitología antigua, los seres divinos en los cuentos sumerios son a menudo el producto de relaciones incestuosas, y esta historia participa de esa tradición. Enki primero tiene relaciones con Ninhursag y luego con Ninsar, la hija que se produce por esa unión, y luego con su hija Ninkura, y así sucesivamente, hasta llegar a la cuarta generación con Uttu, con lo que Ninhursag pone fin al patrón quitando la semilla de Enki del vientre de su bisnieta y la utiliza para crear plantas en su lugar. Cuando Enki consume las plantas sin preguntar, Ninhursag se va furiosa y no vuelve hasta que un zorro es enviado por los Annunaki a buscarla. La historia termina con Ninhursag curando a Enki de la enfermedad causada por su ausencia, y varias otras deidades menores son nombradas y posiblemente creadas en el proceso.

Las tablillas originales que contienen esta historia están rotas en algunos lugares, como es común en estos documentos muy antiguos y muy frágiles. En algunos lugares es posible imaginar lo que podría haber sucedido en las partes de la historia que faltan basándose en el contexto, si existe suficiente material para hacer una suposición de lo que sucedió. Sin embargo, la parte de la historia que muestra cómo el zorro trajo a Ninhursag de vuelta a los Annunaki está demasiado poco preservada para ser recreada con alguna precisión. He notado esto en el texto del mito en el punto apropiado. De la misma manera, en la sección en la que Ninhursag cura al enfermo Enki pieza por pieza, algunas de las palabras para las partes del cuerpo afectadas faltan o son intraducibles y no se pueden adivinar por el contexto. Por lo tanto, las he reemplazado con elipses.

Lejos, muy lejos, hay una tierra llamada Dilmún. Dilmún es una tierra pura, una tierra de paz y de abundancia. Las bestias de presa no cazan, las aves carroñeras no se alimentan. En Dilmún no hay enfermedad ni miedo, no hay un lento declive hacia la vejez, y no hay muerte ni luto. No se conoce el trabajo ni el esfuerzo. Todo es joven, todo es pacífico, todo es puro, y allí en la tierra de Dilmún, Enki yacía con su consorte con gran alegría.

Un día, Ninsikila fue a ver a su padre Enki y le dijo—: Oh, padre mío, todo está bien en Dilmún, todo es pacífico y puro, pero nuestra ciudad no tiene agua. No tenemos un río sobre el que construir un muelle o barcos de vela. No tenemos canales para regar nuestros campos. No hay estanques de los que puedan beber las bestias. Nuestros pozos están secos, y la gente no tiene nada que beber. Danos agua para que podamos vivir.

Enki pensó en la petición de Ninsikila y dijo—: Cuando Utu, el dios del sol, aparezca en el cielo, Dilmún tendrá agua.

Y así fue que cuando Utu, el dios del sol, se elevó en el cielo, el agua comenzó a fluir en Dilmún. Un gran río se abrió paso a través de la ciudad, un río en el que construir un muelle, en el que navegar barcos, y Dilmún pudo comerciar con otros pueblos. El agua fluía a través de los canales, regando los campos, y los cultivos crecían en abundancia. Los estanques se llenaban de agua buena y dulce, y las bestias bebían hasta hartarse. Los pozos se llenaban de agua buena y dulce, y la gente bebía hasta saciarse.

Entonces Enki invitó a la diosa Ninhursag a acostarse con él—. Ven—dijo—, vamos a deleitarnos el uno al otro.

Ninhursag se acostó con Enki, y derramó su semilla en ella, y ella quedó embarazada. Durante nueve días Ninhursag llevó a ese niño, y cada día fue como un mes. Después de nueve días, el niño nació, una niña llamada Ninsar.

Un día, Enki bajó a la orilla del río, y allí vio a Ninsar, que caminaba por el río al otro lado, Ninsar que se había convertido en una joven y hermosa mujer. Enki fue a su consejero, Isimud, y le dijo—: ¿No está Ninsar en edad de ser besada? ¿No está preparada para conocer a un hombre?

Isimud respondió—: Sí, de hecho, tiene la edad. Ven, sube a mi barco y te llevaré a ella.

Enki cruzó el río en el barco de Isimud. Fue a Ninsar y la besó. Enki cogió a Ninsar y la puso en el suelo y derramó su semilla en ella. Él derramó su semilla en ella, y ella quedó embarazada. Durante nueve días Ninsar llevó a ese niño, y cada día fue como un mes. Después de nueve días, nació el niño, una niña llamada Ninkura.

Otro día, Enki bajó a la orilla del río, y allí vio a Ninkura, que caminaba por el río al otro lado, Ninkura que se había convertido en una joven y hermosa mujer. Enki fue a su consejero, Isimud, y le dijo— ¿No está Ninkura en edad de ser besada? ¿No está preparada para conocer a un hombre?

Isimud respondió—: Sí, de hecho, tiene la edad. Ven, sube a mi barco y te llevaré a ella.

Enki cruzó el río en el barco de Isimud. Fue a Ninkura y la besó. Enki tomó a Ninkura y la puso en el suelo y derramó su semilla en ella. Él derramó su semilla en ella, y ella quedó embarazada. Durante nueve días Ninkura llevó a ese niño, y cada día fue como un mes. Después de nueve días, el niño nació, una niña llamada Uttu.

Cuando Uttu alcanzó la mayoría de edad, su bisabuela Ninhursag la llevó a un lado y le dijo—Uttu, ahora estás en una edad en la que los hombres pueden empezar a mirarte y desearte. Debes tener mucho cuidado cuando camines por la orilla del río. Ten cuidado, porque Enki a menudo se para en la orilla opuesta y observa a las jóvenes mientras pasan. Si Enki se acerca a ti, no le des lo que quiere de inmediato. Dile que primero debe traerte pepinos, uvas y manzanas, todas maduras, dulces y jugosas, y que cuando lo haga, tendrá lo que desea.

Y así fue como un día Uttu fue a caminar por la orilla del río, y era muy hermosa de contemplar. Al otro lado del río, Enki miró a Uttu, y la deseó. Una vez más, el consejero de Enki lo llevó al otro lado del río, y Enki le hizo saber su deseo a Uttu.

Uttu recordó las instrucciones de Ninhursag y dijo—: Tendrás lo que deseas solo cuando me traigas pepinos y uvas y manzanas, todas maduras y dulces y jugosas.

—¿Cómo lo haré—dijo Enki—si todos los campos están secos y polvorientos, y el jardinero llora bajo sus árboles marchitos?

—No sé cómo vas a hacer esas cosas, solo que no tendrás lo que deseas sin ellas.

Enki fue al jardín, donde todo estaba seco y polvoriento. Hizo que el agua fluyera por los canales. Hizo que el agua fluyera en los surcos. Pronto, el jardín estaba dando todo tipo de cosas buenas, y el jardinero bailó en su alegría. El jardinero le dio pepinos, uvas y manzanas a Enki, todas maduras, dulces y jugosas. El jardinero amontonó pepinos, uvas y manzanas en el regazo de Enki, como agradecimiento por el agua que hizo florecer su jardín.

Enki llevó los pepinos, las uvas y las manzanas a la casa de Uttu. Llamó a su puerta. Desde dentro, Uttu preguntó— ¿Quién está ahí?

—Soy yo, el jardinero, trayendo pepinos, uvas y manzanas—dijo Enki.

Uttu le dejó entrar con gran alegría. Enki le dio los pepinos, las uvas y las manzanas, todas maduras y dulces y jugosas. Y en la casa de Uttu, se acostaron juntos y se deleitaron el uno del otro. Enki derramó su semilla en el vientre de Uttu, pero Uttu se lamentó de haber yacido con él. Ninhursag entonces tomó la semilla de Uttu y la plantó en su jardín. De la semilla de Enki crecieron ocho plantas con sus frutos, y Ninhursag las cuidó.

Un día, Enki le dijo a su consejero Isimud—Dime, ¿qué pasa con las plantas que crecieron de mi semilla y que Ninhursag plantó? ¿Crecieron? ¿Han dado fruto? Ve al jardín de Ninhursag, y mira lo que está creciendo allí.

Y así, Isimud fue al jardín de Ninhursag. Miró por encima del muro y vio las ocho plantas que crecían allí, las ocho plantas altas con sus frutos. Vio que la fruta era buena para comer y pensó que su amo podría desear probarla. Así que Isimud cortó las ocho plantas. Las cortó con sus frutos y las llevó de vuelta a Enki. Enki probó su fruta, y era muy buena.

Cuando Ninhursag descubrió que Isimud había cortado las plantas y se las llevó a Enki para que se las comiera, se enfureció y maldijo a Enki—. ¡Nunca más te miraré!—dijo, y luego se fue y no volvió.

Los Annunaki esperaron y esperaron a que Ninhursag regresara. Cuando no lo hizo, los Annunaki se desanimaron. Se sentaron en el polvo y lloraron la pérdida de Ninhursag.

Un zorro pasó trotando y vio a los Annunaki y su dolor. El zorro preguntó— ¿Por qué se sientan en el polvo a llorar?

Los Annunaki respondieron—: Estamos de luto porque Ninhursag nos ha dejado, y ella no regresa.

—¿Qué me darás si te la devuelvo?—dijo el zorro.

Enlil respondió—: Si me devuelves a Ninhursag, plantaré un jardín para ti. Plantaré un huerto para ti, y tu nombre siempre será recordado por la gente y los dioses.

[*La siguiente parte de la historia falta en las tablillas. De lo poco que queda, podemos deducir que el zorro se disfraza de alguna manera y consigue que Ninhursag vuelva a los Annunaki, donde los encuentra todavía sentados en el polvo en duelo.*]

Ninhursag fue a Enki donde estaba sentado abatido en el polvo. Ninhursag le dijo—Oh hermano mío, ¿qué es lo que te duele?

Enki dijo—Mi... es lo que me duele.

Ninhursag dijo—Di a luz al dios Abu para ti para que puedas ser curado. ¿Qué más te duele?

—Mi mandíbula es lo que me duele.

Ninhursag dijo—Di a luz al dios Nintul por ti para que puedas ser curado. ¿Qué más te duele?

—Mi diente es lo que me duele.

Ninhursag dijo—Di a luz a la diosa Ninsutu para ti, para que puedas ser curado. ¿Qué más te duele?

—Mi boca es lo que me duele.

Ninhursag dijo—Di a luz a la diosa Ninkasi para ti, para que puedas ser curado. ¿Qué más te duele?

—Mi... me duele.

Ninhursag dijo—Di a luz a la diosa Nazi para ti, para que pudieras ser curado. ¿Qué más te duele?

—Mi brazo es lo que me duele.

Ninhursag dijo—Di a luz a la diosa Azimua para ti, para que puedas ser curado. ¿Qué más te duele?

—Mi costado es el que me duele.

Ninhursag dijo—Di a luz a la diosa Ninti para ti, para que puedas ser curado. ¿Qué más te duele?

—Mi... me duele.

Ninhursag dijo—Di a luz al dios Enshagag para ti, para que puedas ser curado.

Entonces Ninhursag dijo—Y ahora digamos qué será de estos dioses y diosas que he dado a luz. Abu será el señor de las plantas. Nintul será el señor de Magan. Ninsutu se casará con Ninazu, hijo de Enlil y Ninlil. Ninkasi satisfará todos los deseos. Nazi se casarán con el dios Nindara. Azimua se casará con Ningishzida, hijo de Ninazu. Ninti será la reina de los meses, y Enshagag gobernará sobre Dilmún como señor.

Las hazañas de Ninurta

El dios-héroe que mata a la bestia monstruosa es una figura común en la mitología mundial. En el antiguo Oriente Medio, este papel lo desempeñaba el dios Ninurta. Ninurta es el hijo de Enlil y Ninhursag y fue originalmente asociado con la agricultura y la fertilidad. También se le considera un juez que decide sobre cuestiones de leyes.

En esta historia, Ninurta debe luchar contra el Asag, un tipo de demonio o dragón que anda por la tierra fomentando la rebelión contra los dioses. El Asag recluta guerreros de piedra para ayudarle, y nadie más que Ninurta tiene la fuerza para derrotar al Asag y a su ejército.

Además de ser un relato de hazañas heroicas y de matar dragones, esta historia también explica los orígenes de la irrigación y la agricultura como prácticas iniciadas por Ninurta tras la muerte del Asag y asigna el título de "Ninhursag", que significa algo así como "Dama de las Colinas Salvajes", a la diosa Ninmah. El mito de las hazañas de Ninurta también explica los usos y cualidades de varios tipos de piedra. Mientras que los nombres de algunas de las piedras han sido traducidos, la identificación de la mayoría de las otras permanece incierta. La sección del mito en la que Ninurta declara el destino de las piedras es larga y algo abstrusa; aquí ha sido expandida para una audiencia moderna.

El héroe Ninurta se sentó entre los Annunaki en el banquete que fue organizado en su honor. Todo el mundo se regocijaba, especialmente Ninurta, que bebía y bebía. Incluso más que An, incluso más que Enlil, Ninurta bebía. Y mientras estaban festejando, Bau, diosa de la curación, trajo ante él peticiones y Ninurta, hijo de Enlil, dio sus dictámenes sobre ellas.

Como Ninurta decidió y los Annunaki festejaron, el Sharur, el poderoso mazo de batalla de Ninurta, gritó de repente, diciendo—: Oh mi maestro, oh Señor Ninurta, oh Ninurta, héroe que es el más poderoso de todos y al que nadie puede resistir, te digo que el Asag ha salido y está causando estragos en la tierra. El Asag es un guerrero, una criatura caída que no tiene padre y que creció y se alimentó a pesar de no haber amamantado nunca el pecho. Es arrogante y ambicioso, y viene a desafiar a todos.

—El Asag vive en las montañas, y sus descendientes son muchos. Incluso las plantas lo cuentan como rey entre ellas. Ha llamado a las piedras a él. Ha llamado al esmeril y a la diorita, al pedernal y al alabastro, y a muchos más, y ha hecho un ejército con ellas, y con ese ejército, asalta ciudades cercanas y lejanas. Incluso los dioses de esas ciudades se inclinan ante su poderío, y ahora, el Asag se sienta en majestad y se enfrenta a la justicia, usurpando el lugar de los dioses. La gente vive aterrorizada por el Asag, e incluso las montañas le hacen ofrendas.

—¡Escucha mis palabras, oh poderoso! Escucha lo que tengo que decir, porque te traigo las súplicas del pueblo. Te piden que vengas a ellos y los liberes del Asag, porque nadie puede oponerse a ello excepto tú, ¡oh, hijo de Enlil! Sé rápido en tu decisión, porque día a día tu poder entre el pueblo disminuye. Dicen que, si no les ayudas, entonces ya no serás rey sobre ellos, y el Asag en su arrogancia cree que puede tomar tu lugar. Día a día se mueve en nuevos lugares y los conquista. ¡Pronto, toda la Tierra será su esclava si no actúas!

—Pero tú eres el toro furioso, eres el antílope veloz, y seguramente conquistarás al Asag. Conquistarás al Asag aunque sus ejércitos sean demasiado numerosos para ser contados, aunque ningún héroe haya sido capaz de derrotar al Asag, aunque ningún arma haya sido capaz de herirlo. ¿Qué dices, oh poderoso? ¿Qué dices de la insolencia del Asag, de su conquista de ciudades que pertenecen por derecho a los dioses?

Ninurta escuchó las palabras del Sharur, y se levantó de su asiento, gritando— ¡Ay!—lloró con una voz tan grande que la Tierra tembló y los cielos se estremecieron. Enlil y los otros dioses también fueron sacudidos y dejaron el E-kur. Las montañas cayeron ante el grito de Ninurta, y la Tierra se oscureció. Ninurta se enfureció en su ira contra el Asag, y los Annunaki huyeron ante su ira. Entonces Ninurta tomó su maza y su lanza y se preparó para la batalla. Malos vientos convocó en su ayuda, vientos que trajeron una lluvia de carbones calientes que consumieron todo lo que tocaron, vientos que derribaron todos los árboles a su paso, vientos que hicieron olas sobre el Tigris y agitaron sus sedimentos para que sus aguas se enturbiaran.

Ninurta fue al muelle a tomar un barco en su camino para encontrarse con el Asag. En la orilla del río, toda la gente se acobardó ante la furia de Ninurta. Huyeron, cegados por el miedo. Los pájaros trataron de huir, pero los vientos de Ninurta hicieron inútiles sus alas. Los peces trataron de huir, pero las tormentas de Ninurta los arrojaron a la orilla, donde yacían jadeando y ahogándose en el aire. El ganado y las ovejas trataron de huir, pero el fuego de la ira de Ninurta los asó donde estaban. Ni siquiera las montañas pudieron soportar la ira de Ninurta, ya que las aguas subieron por sus orillas y arrastraron todo a su paso.

Entrando a zancadas en las tierras del Asag, Ninurta arrasó sus ciudades; hizo cautivos a sus pueblos. Mató a los mensajeros del Asag; provocó una inundación de veneno que recorrió la tierra, matando todo lo que tocaba. La furia de Ninurta se apoderó de la tierra, y nadie pudo soportar su ataque.

Regocijándose en la batalla, Ninurta se volvió hacia el Sharur y le sonrió. El Sharur se alejó volando solo, bajando las montañas para Ninurta, tomando prisioneros para él, y volando alto sobre la tierra para ver lo que podría ser visto. Aquellos que lo vieron volar le darían noticias para llevar a su amo, noticias sobre el Asag y sus ejércitos. Cuando todas las noticias se habían reunido, el Sharur volvió a Ninurta y le dijo—: Oh poderoso Ninurta, cuya fuerza nadie podría resistir, has conquistado los lugares rebeldes, y ya has matado a muchos de los guerreros del Asag. ¡Pero no vayas todavía a las montañas para encontrarte con el Asag! En verdad estás bien hecho y naciste bien, en verdad eres el más hermoso, en verdad eres la más grande en fuerza y todos tiemblan ante ti, ¡pero no te encuentres con el Asag todavía! ¡No lleves a tu ejército a las montañas! ¡El tiempo no ha madurado aún, y no saldrás victorioso!

Ninurta escuchó las sabias palabras de Sharur, pero no hizo caso. En su lugar, reunió a sus ejércitos y los llevó a las montañas. El Asag vio que se acercaba de Ninurta y se armó para la batalla. Derribó el propio cielo y lo convirtió en un garrote. El Asag se deslizó por el suelo como una serpiente, deslizándose como un perro rabioso. El Asag cayó sobre Ninurta, aullando su rabia con una voz que se escuchó en todos los rincones de la Tierra, y nadie pudo soportar el paso de esa bestia caída por toda la tierra. Las aguas se secaron en sus cursos, y los árboles cayeron al suelo. Los juncos se incendiaron en la orilla del río, y el cuerpo del Asag talló grandes surcos en el suelo, dejando a la Tierra desbordante de heridas. Toda la gente huyó ante el Asag cuando el cielo se volvió rojo como la sangre y las cosechas se pudrieron en los campos. El mismo Enlil huyó y se escondió del Asag, y todos los Annunaki temblaron y suspiraron de miedo.

Enlil gritó— ¿Quién está ahí para protegernos ahora que Ninurta se ha ido a la guerra? ¿Quién nos mantendrá a salvo mientras el gran héroe se ha ido?

[*La siguiente sección es fragmentada, pero aparentemente, el Sharur va a hablar con Enlil sobre el Asag. Enlil hace una declaración* animando a Ninurta a luchar ferozmente, y el Sharur regresa a Ninurta con su informe.]

El Sharur regresa a su amo y dice—: Oh mi amo, Enlil ha hablado, y esto es lo que dice: "¡Adelante, oh poderoso Diluvio! Sal y toma el Asag. Agárralo por el hombro, empálalo con tu lanza. Llévalo cautivo y arrástralo hasta aquí, hasta el E-kur. Haz esto, y nunca te faltarán las alabanzas de todos los pueblos".

—¡Adelante, oh mi amo!—dijo el Sharur—. Sal y ataca al Asag, porque se ha construido una muralla. Se ha construido una fortaleza que no puede ser violada, y su deseo de destrucción nunca disminuye.

Ninurta se animó con las palabras del Sharur y de Enlil. Ninurta lanzó su grito de batalla, y el día se oscureció como si fuera de noche. El Sharur voló a los cielos, levantando un gran viento que dispersó a la gente como hojas secas. La gran maza fue a las montañas y las prendió fuego. Atravesó las filas del enemigo y aplastó sus cráneos. La poderosa lanza de Ninurta voló por el aire, y dondequiera que aterrizara, abrió una grieta en la tierra. Las grietas se llenaron de sangre, y los perros callejeros la lamieron. Las armas de Ninurta causaron una gran destrucción por toda la tierra, y el Asag lo vio, pero no se quedó consternado.

El Sharur regresó a Ninurta y dijo— ¡Todo lo que hacemos es en vano! Mi señor, no traigas la batalla al Asag, porque él es el hedor asqueroso de una herida supurante y el pus que fluye de ella. No importa lo que le ordenes hacer, no obedecerá. Dondequiera que vaya, la tierra está desolada y estéril, y nadie puede capturarlo o soportar su acercamiento. El Asag ha secado todas las aguas y sopla por las tierras como un torbellino. La gente se acobarda en sus casas, porque nadie puede oponerse al Asag.

Pero Ninurta no se mantuvo al margen. Se enfrentó a las montañas y lanzó un grito de batalla, un grito de todo un ejército llamando a la muerte. Ninurta recorrió el país, dando muerte a todos sus enemigos. El gran héroe se enfureció, y desde su posición en la montaña, el Asag vio la furia del héroe Ninurta. Muy pronto, Ninurta se abrió paso a través de la montaña del Asag, y el Asag se acobardó ante la furia del gran héroe que se acercaba. El Asag se dispersó como gotas de agua; fue desarraigado como la mala hierba de un campo. Ninurta voló hacia el Asag, y en su furia, aplastó al Asag como una piedra de molino aplasta el grano. Y no fue hasta que la asquerosa criatura yacía muerta a los pies de Ninurta que la rabia de Ninurta comenzó a disminuir.

El sol finalmente se puso al final de ese terrible día. Ninurta fue al río y lavó sus armas en el agua corriente. Lavó la sangre de su ropa y armadura, y lavó la sangre de su propio cuerpo. Y cuando todo había sido limpiado, se paró a horcajadas sobre el cuerpo del Asag y cantó una canción de victoria.

En la calma que siguió a la batalla, los Annunaki llegaron a donde Ninurta estaba sobre el cuerpo del Asag. Los dioses vieron el cuerpo roto de ese enorme monstruo y se maravillaron de la fuerza de Ninurta. Se postraron a los pies del héroe y le alabaron por sus actos. El Sharur también alabó a Ninurta, diciendo—: ¡Nadie puede compararse a ti, oh Ninurta! ¡Nadie puede igualar tu fuerza o tu valor! ¡Mira cómo los dioses se postran a tus pies!

Ninurta se dirigió a los dioses reunidos—. Desde este día en adelante, el nombre de esta criatura no será Asag. En su lugar, la llamaremos Piedra, y sus entrañas se convertirán en el inframundo.

Entonces Ninurta descansó de sus labores. Dejó a un lado su garrote, y descansó de sus batallas.

Fue en ese momento que la tierra comenzó a secarse. Los arroyos y pozos se secaron. El Tigris se marchitó, y sus aguas no llegaron al mar. Los trabajadores salieron con palas y azadones, salieron a cavar canales para llevar agua a los campos, pero no había agua. Los cultivos se marchitaron en los campos, y los agricultores no tenían nada que llevar al mercado. La hambruna se asentó en la tierra. Nadie tenía fuerzas para cultivar los campos, y el grano se esparció por el suelo.

Ninurta miró a la gente en su sequía y hambruna y se apiadó de ellos. Fue a las montañas e hizo un gran montón de piedras y puso en él una compuerta. Reunió las aguas de las montañas y las dejó fluir a través de la esclusa hacia el Tigris. Las aguas se inundaron en el lecho del río y luego subieron por las orillas y en los campos. Pronto en todas partes había suficiente agua, y la cebada creció pesada con el grano en los campos, y los árboles en los huertos crecieron pesados con la fruta. La gente se regocijó con esto. Intercambiaron sus cosechas con pueblos de otras naciones, y dieron un gran agradecimiento a Ninurta y a su padre.

En ese momento, la diosa Ninmah vio lo que su hijo Ninurta había hecho en las montañas, y se entristeció porque las montañas ya no eran un lugar al que pudiera ir. Así que Ninmah hizo una canción de lamento y fue a Ninurta y la cantó. Ninmah cantó—: Canto "ay" por las montañas, porque se han inclinado ante el poderío de Ninurta. Canto "ay" por las montañas, porque no pudieron soportar su fuerza, la fuerza del poderoso héroe que llevé para el dios Enlil. El hijo de Enlil no me mirará a mí, pero yo iré a él y lo miraré. Iré a él con mi lamento, y él verá mis lágrimas.

Ninurta escuchó el lamento de Ninmah, y le dijo—: Señora Ninmah, bien recuerdo que cuando me metí en los peligros de la batalla, tú siempre estuviste ahí conmigo. He aquí, que he hecho un montón de piedras aquí, y que esto se convierta en una nueva montaña, y tú serás Ninhursag, que es "Señora de la Montaña". Y decreto que tu montaña se vuelva fecunda y un lugar de gran alegría. Producirá hierbas y pastos y fragantes cedros. Dará a luz árboles frutales llenos de fruta. En su corazón habrá oro y plata y toda clase de gemas. A sus lados, las bestias salvajes y los pájaros se multiplicarán. Y no tendrás rival allí en esa montaña, ni siquiera el dios An se acercará a tu esplendor de reina. Este es mi regalo para ti, oh gran señora. ¡Alégrate y exáltate!

Cuando Ninurta terminó de decretar el destino de las montañas, la señora Aruru, la hermana mayor de Enlil, se acercó a él y le dijo—: Mi señor, tú eres el mayor héroe de todos. Has decretado el destino de las montañas, pero ¿qué pasa con el destino de los que mataste en tu batalla con el Asag?

Y así, Ninurta se dirigió al destino de los guerreros de piedra que se habían puesto del lado del Asag. A la piedra de esmeril, el pedernal y otros que se habían vuelto contra él, Ninurta les impuso castigos. A las piedras de alabastro, diorita, hematita y otras que habían luchado en el bando de Ninurta, les dio grandes honores.

Cuando todos los destinos de las piedras fueron asignados, Ninurta se abrió camino desde las montañas y a través del desierto. Cada vez que se encontraba con un pueblo o una ciudad, la gente se reunía para regocijarse por él y cantar sus alabanzas. Siguió caminando hasta que llegó al río donde estaba amarrada su propia barcaza, y allí los barqueros se inclinaron ante él y cantaron una canción alabándole por sus acciones–. ¿Quién es como Ninurta? ¿Quién tiene su fuerza o su habilidad? ¡Ningún enemigo puede enfrentarse a él! ¡Alabado sea el hijo de Enlil!

Entonces Enlil miró a Ninurta y le dio una bendición–. ¡Oh Ninurta, grande es tu valor y tu fuerza! Fue sabio enviarte a encontrarte con el Asag, ya que ningún otro podría haberlo derrotado. Todas las ciudades de tu enemigo han sido reducidas a ruinas, y sus gobernantes cautivos. Como recompensa, recibirás una maza celestial y el poder de gobernar sobre todo, y además la vida eterna.

Y así fue como Ninurta mató al Asag, recogió un montón de piedras, y trajo las aguas a los campos para que produjeran grano y fruta en sus estaciones. Tan bien había curado Ninurta la tierra que se cosecharon grandes montones de grano y se colocaron en los graneros. Ninurta entregó el grano y los graneros al cuidado de la señora Nisaba, la que hace crecer las cosas verdes en la tierra.

El viaje de Nanna a Nippur

Un subgénero del mito sumerio es el del viaje de un dios a la ciudad sumeria de Nippur, el principal centro de culto del dios Enlil, que estaba a la cabeza del panteón sumerio. Tales mitos de viaje existen para los dioses Enki y Ninurta, además del mito sobre Nanna que se presenta aquí. *En esta historia, el dios de la luna Nanna (también conocido como Nanna-Suen, Suen o Sin) determina que debe dejar su ciudad natal de Ur, donde se encontraba su principal centro de culto, para ir a Nippur a visitar a su madre, la diosa Ninlil, y a su padre, el dios Enlil. Por lo tanto, Nanna hace que se construya una barcaza y la llena de todo tipo de bienes para llevar a casa como regalos.*

El avance de la barcaza a lo largo del río desde Ur hasta Nippur tiene un aspecto ritual en el que en cada ciudad a lo largo del camino, la diosa local sale a saludar a Nanna y a hacer ofrendas y conceder buenos deseos, pero la barcaza le dice a cada uno que no puede detenerse ya que se dirige a Nippur. El asiriólogo Jeremy Black señala que la lista de ciudades desviadas probablemente refleja los lugares reales que uno podría haber esperado encontrar a lo largo de un viaje por el río entre Ur y Nippur en la antigüedad. Además, Black señala que el mito del viaje de Nanna refuerza la función de Nanna como un dios tanto de la fertilidad como de la agricultura, especialmente al causar un aumento de sus rebaños y manadas para poder regalar las crías producidas por sus animales.

Llegó un momento en el que el dios Nanna decidió hacer un viaje a Nippur. Nippur era la ciudad de su padre, Enlil, y de su madre, Ninlil–. Viajaré a Nippur–dijo Nanna–porque tengo la intención de visitar a mi madre y a mi padre. Tengo en mente visitar la encantadora ciudad de Nippur y su hermoso santuario. Tengo en mente visitar la fuerte ciudad de Nippur donde crecen las palmeras, donde las palmeras crecieron incluso antes de que existiera Dilmún. Tengo en mente visitar la ciudad de mi madre que siempre se viste con las mejores prendas de lino.

Era un largo viaje por el río desde la ciudad de Nanna, Ur, hasta Nippur, y por eso Nanna necesitaría una barcaza, ya que deseaba llevar muchos buenos regalos a su madre y a su padre. Nanna encargó de todas partes los materiales para hacer su barcaza. Las cañas venían de Tummal, y la brea del Apsu. Ciprés y cedro, pino y enebro vinieron de los bosques y las montañas. Cuando todas las cosas necesarias fueron ensambladas, los trabajadores comenzaron a construir la barcaza.

Mientras se construía la barcaza, Nanna reunió todos los regalos que quería llevar a sus padres. Nanna escogió finos toros y ovejas de sus rebaños. Recogió tortugas, pájaros y peces. Nanna llenó muchas cestas con huevos frescos para llevar a la casa de Enlil en Nippur.

Nanna soltó los carneros de su rebaño de ovejas, y seiscientas de sus ovejas dejaron finos corderos como regalo para Enlil. Nanna soltó las cabras macho entre su rebaño de cabras, y seiscientas cabras hembra dejaron finos cabritos como regalo para Enlil. Nanna hizo lo mismo con sus rebaños de ganado, dejando los toros sueltos entre las vacas, y seiscientas vacas dieron a luz a finos terneros para ser tomados como regalos para Enlil.

Cuando la barcaza estaba sólida y robusta, y cuando todo estaba cargado con los regalos de Nanna para Enlil y Ninlil, se puso en marcha a lo largo del río. La barcaza partió de Ur y navegó por el río hacia Enegir. Cuando la barcaza se acercó a Enegir, la diosa Ningirida salió de su casa y presentó una ofrenda de harina. Trajo consigo una gran cuba de aceite y gritó—: ¡Déjame ungirte con este fino aceite! ¡Que tengas vino y todo lo bueno en abundancia!

Pero la barcaza no se detuvo en Enegir. Pasó navegando, gritando—: ¡No puedo parar! ¡Estoy destinado a Nippur!

La barcaza partió de Enegir y navegó a lo largo del río hasta Larsa. Cuando la barcaza se acercó a Larsa, la diosa Sherida salió de su casa y puso una ofrenda de harina. Trajo consigo una gran cuba de aceite y gritó—: ¡Déjame ungirte con este fino aceite! ¡Que tengas vino y todas las cosas buenas en abundancia!

Pero la barcaza no se detuvo en Larsa. Pasó navegando, gritando—: ¡No puedo parar! ¡Estoy destinado a Nippur!

La barcaza partió de Larsa y navegó a lo largo del río hasta Uruk. Cuando la barcaza se acercó a Uruk, la diosa Inanna salió de su casa y puso una ofrenda de harina. Trajo consigo una gran cuba de aceite y gritó—: ¡Déjame ungirte con este fino aceite! ¡Que tengas vino y todo lo bueno en abundancia!

Pero la barcaza no se detuvo en Uruk. Pasó navegando, gritando—: ¡No puedo parar! ¡Estoy destinado a Nippur!

La barcaza partió de Uruk y navegó por el río hasta Shuruppag. Cuando la barcaza se acercó a Shuruppag, la diosa Ninunuga salió de su casa y presentó una ofrenda de harina y salvado. Trajo consigo una gran cuba de aceite y gritó—: ¡Déjame ungirte con este fino aceite! ¡Que tengas vino y todo lo bueno en abundancia!

Pero la barcaza no se detuvo en Shuruppag. Pasó navegando, gritando—: ¡No puedo parar! ¡Estoy destinado a Nippur!

La barcaza partió de Shuruppag y navegó a lo largo del río hasta Tummal. Cuando la barcaza se acercó a Tummal, la diosa Ninlil salió de su casa y puso una ofrenda de harina y salvado. Trajo consigo una gran cuba de aceite y gritó—: ¡Déjame ungirte con este fino aceite! ¡Que tengas vino y todo lo bueno en abundancia!

Pero la barcaza no se detuvo en Tummal. Pasó navegando, gritando—: ¡No puedo parar! ¡Estoy destinado a Nippur!

Por fin, la barcaza partió de Tummal y navegó hasta Nippur. Nanna navegó la barcaza hasta el muelle que pertenecía a Enlil, y allí atracó. Nanna llamó al portero que guardaba las puertas de Enlil— ¡Oh Kalkal! ¡Oh, portero de la casa de mi padre! ¡Ábreme la puerta! ¡Abre las puertas de la casa de mi padre!

—He aquí yo, Nanna, he venido con una barcaza cargada de muchos regalos. Tengo toros, ovejas y cabras. Tengo tortugas y pequeños pájaros. Tengo peces y huevos. ¡Ábreme la puerta!

—Yo, Nanna, en mi viaje he traído los corderos que dejaron caer las ovejas de mi rebaño y los cabritos que dejaron caer las cabras de mi rebaño y los terneros que dejaron caer las vacas de mi rebaño. Todo esto lo regalé mientras navegaba por el Canal Surungal, y mi barcaza está llena de regalos para ser entregados a Enlil y Ninlil. ¡Abre la puerta, Kalkal! ¡Abre la puerta de la casa de mi padre!

Kalkal oyó el grito de Nanna, hijo de Enlil, y con gran alegría le abrió las puertas. Y allí, en la casa de Enlil, Nanna le dio sus regalos a su poderoso padre, y con gran alegría Enlil los recibió.

—¡Bienvenido, hijo mío!—gritó Enlil—. ¡Bienvenido de nuevo a mi casa! ¡Comamos juntos! ¡Comamos juntos de pasteles dulces y de pan y cerveza!—Enlil llamó a sus sirvientes y les ordenó que trajeran pasteles para que Nanna los comiera. Ordenó a sus sirvientes que recogieran pan y cerveza del E-kur para dárselos a Nanna para que los comiera.

Nanna se comió toda la buena comida que Enlil le puso delante y se bebió toda la buena bebida, y dijo—: Oh padre mío, oh poderoso Enlil, de verdad estoy contento con esta buena comida y esta buena bebida. ¡En verdad eres el dios que lo da todo en abundancia!

—Ahora es el momento de volver a casa en Ur, pero primero te pido que llenes mis ríos con buenos peces. Te pido que llenes mis campos con cebada pesada en el oído. Dame cañas a lo largo de los ríos y ovejas salvajes en las colinas. Dame buenos árboles en el bosque y fruta para el jarabe y el vino en los huertos. Y dame una larga vida, porque es hora de que regrese a casa en Ur.

Todo lo que Nanna pidió, Enlil se lo dio. Llenó los ríos con buenos peces y los campos con cebada pesada en el oído. Enlil le dio a Nanna cañas a lo largo de los ríos y ovejas salvajes en las colinas. Enlil le dio a Nanna buenos árboles en el bosque y fruta para el jarabe y el vino en los huertos, y al propio Nanna le dio una larga vida.

¡Alabado sea Enlil donde se sienta en su trono, y a Ninlil, madre de Nanna!

Inanna y Ebih

Las deidades masculinas como Ninurta no son las únicas que salen a luchar contra criaturas monstruosas en las montañas. En esta historia, la diosa Inanna se une a la guerra para vengarse de Ebih, una montaña que se niega a inclinarse ante ella en adoración. Vemos aquí al más violento de los dos bandos de Inanna, que además de ser la diosa del amor y la procreación era la diosa de la guerra, a la que a menudo se hace referencia como "el juego de Inanna" en los textos sumerios.

Inanna era una de las diosas más poderosas del panteón sumerio, con el título de "Reina del Cielo". Más tarde se identificó con la diosa acadia/babilonia Ishtar. Un mito que explica el origen del poderío de Inanna dice que robó algo del yo de Enki, una palabra sumeria que denota poder o autoridad, después de que Enki bebiera demasiado en un banquete. Inanna navega con el yo de vuelta a su ciudad de Uruk, evitando los intentos de Enki y sus demonios de recuperar los poderes robados.

El mito de Inanna y Ebih relatado a continuación, que muestra a Inanna ejerciendo sus poderes de venganza y destrucción, nombra varios lugares que Inanna visita en sus andanzas, específicamente Elam, Subir, y las montañas Lulubi. Elam era una región de la costa nororiental del golfo Pérsico, en lo que hoy es Irán, mientras que Subir estaba muy al norte de Sumeria, en la Alta Mesopotamia. Las montañas Lulubi son una zona dentro de la cordillera de Zagros, en una porción que ahora se encuentra en la frontera entre Iraq e Irán. En su relato de este mito, la autora Betty De Shong Meador señala que el monte Ebih "ha sido identificado como el moderno Jebel Hamrin", una cadena montañosa que se extiende a lo largo del lado occidental de las montañas Zagros.

Este mito también tiene especial importancia como parte de la primera pieza de literatura escrita de la que tenemos el nombre del autor, ya que forma parte de una obra más larga llamada "La Exaltación de Inanna" de una mujer llamada Enheduanna. Enheduanna era la hija de Sargón de Acadia, fundador del Imperio acadiano, y fue alta sacerdotisa de Inanna y Nanna en la ciudad sumeria de Ur en el siglo XXIII a. C. "La Exaltación de Inanna" funciona como una alabanza a la diosa y como una obra semi-autobiográfica, ya que hace referencia a la expulsión de Enheduanna de Ur por su hermano, Rimush, y su reincorporación al templo de allí.

Grande era la diosa Inanna, hija de Nanna el dios de la luna, y grande su poder. Temible en batalla era ella, vestida con armadura, arrasando ejércitos con sus armas y la fuerza de su brazo. Su fuerza era la del toro salvaje, y su fiereza en la batalla la del león, su gloria era la del sol que brillaba sobre la tierra, y toda la gente se inclinaba ante ella con temor y alabanza.

Un día, Inanna salió a las montañas. Fue a Elam y a Subir. Fue a las montañas Lulubi. Fue a las montañas Lulubi, y allí, en medio de ellas, estaba el pico más grande, que se llamaba Ebih. Al pasar Inanna, todas las montañas se inclinaron ante ella e hicieron su honor, pero Ebih no se inclinó. Ebih no se inclinó hasta el suelo ante ella; Ebih no besó el polvo a sus pies. Esto enfureció a Inanna, y juró que se vengaría de Ebih por su falta de respeto.

—¡En verdad haré que Ebih conozca mi ira! ¡En verdad haré que sepa cómo me ha perjudicado! Ebih no se inclinó ante mí, y Ebih no besó el polvo a mis pies. Traeré la batalla a las montañas. Traeré mi ariete, mi arco y mi aljaba de flechas. Traeré mi lanza y mi escudo. Traeré fuego a los bosques de las montañas y un hacha a los troncos de sus árboles. Todas las montañas se acobardarán ante mi furia, y nunca más Ebih levantará la cabeza con orgullo.

Y así, Inanna, hija de Nanna, se puso sus ropas de batalla y su radiante corona cuyo brillo era el terror de todos los que la contemplaban. Tomó su arma de siete cabezas y se puso sus sandalias de lapislázuli. Cuando se puso el sol, fue a la Puerta de las Maravillas vestida con toda su ropa de batalla. Allí hizo una ofrenda a An y le rezó.

An vio a Inanna y vio que estaba preparada para la batalla. Él escuchó su plegaria y le sonrió. An se sentó en su trono divino y luego Inanna salió a hablarle—. ¡Oh, padre mío, saludos! Me has dado muchos regalos, y así es como nadie puede rivalizar conmigo en el cielo o en la tierra. ¡Soy terrible de ver, y nadie puede superarme en la batalla! ¡Soy espada y flecha, lanza y escudo! Los reyes me invocan y yo respondo, y con mi ayuda, matan a sus enemigos, y así traigo gloria al nombre de An.

—Hoy salí a las montañas, y la montaña Ebih no me honró. El monte Ebih no me temía. No se inclinó ante mí ni besó el polvo a mis pies. Y así es como vengo ante ti, oh Padre An, para decir que iré a las montañas y les daré batalla. Usaré mi ariete, mi arco y mis flechas. Usaré mi lanza y mi escudo. Traeré fuego a las montañas y un hacha a los troncos de sus árboles. Todas las montañas se acobardarán ante mi furia, y nunca más Ebih levantará la cabeza con orgullo.

—Déjame ir en formación de batalla. Déjame bajar la montaña que me negó el honor que me corresponde. Déjenme vencerla y enseñarle a respetar a la diosa Inanna.

An escuchó las palabras de Inanna y dijo—: Así que quieres destruir esta montaña. Muy bien, ¿pero sabes qué tarea te espera? ¿Qué sabes realmente de esta montaña? Déjame decirte qué tarea te espera, esta tarea contra una montaña que incluso los Annunaki tienen motivos para temer. Los bosques de esta montaña son espesos, y sus huertos llenos de fruta. Bajo los árboles viven los leones, en sus flancos los carneros salvajes, y los ciervos corren por sus praderas, donde pastan las manadas de toros salvajes. Esta montaña es muy temible, y no serás capaz de vencerla.

La dama Inanna no hizo caso de las palabras de An. Se alejó de él y abrió la gran puerta de la Casa de los Dioses. Atravesó la puerta con su traje de batalla, sus armas en las manos, y su ira fue terrible de contemplar. Su ira fue como un gran diluvio, y llamó a un torbellino para que se enfureciera junto a ella.

Inanna fue a las montañas y trajo la batalla a Ebih. La montaña luchó ferozmente, pero Inanna no dio cuartel. Agarró el cuello de Ebih y rugió como un león mientras apuñalaba sus vitales con su daga.

El cuerpo de Ebih se partió y se desmoronó. Las piedras del cuerpo de Ebih se quebraron y rodaron por sus flancos. Las serpientes que vivían en sus cuevas y grietas escupieron veneno.

Inanna maldijo los bosques de la montaña y trajo una gran sequía sobre ellos. Prendió fuego a los bosques, y el humo de sus quemas borró el sol. Y así fue como Inanna demostró que solo ella tenía el poder y que solo ella tenía el honor y la alabanza.

Entonces Inanna habló a la montaña que había conquistado, diciendo—Oh, montaña de Ebih, te creías divina por tu altura. Te creías divina por tu belleza. Te creías divina porque tu pico rozaba los cielos, pero no sabías cuál era tu lugar. No te inclinaste ante mí y besaste el polvo a mis pies. Y así es como te he vencido y me he llevado toda tu belleza y tu fuerza.

—Te he vencido como lo haría con un toro salvaje. Te he conquistado como lo haría con un elefante. Ahora tus ojos no pueden hacer nada más que llorar, y tu corazón no puede hacer nada más que llorar, y los pájaros que anidan en lo que queda de ti solo cantarán canciones de dolor.

—Te traje el terror que fue el regalo de Enlil para mí. Te he traído la batalla con las armas que fueron el regalo de Enlil, y con mi fuerza y mis armas, he derribado la montaña. He construido un palacio para mí, y he dado objetos rituales a los que llevan a cabo los cultos de los dioses.

—Soy yo quien ha conquistado la montaña. Como una inundación, la he lavado. Como un viento furioso, la derribé. Soy la vencedora de Ebih.

¡Alabada sea Inanna, hija de Nanna!
¡Alabado sea Nisaba!

Dumuzi y Enkimdu

En este mito, el dios del sol Utu desea que su hermana, la diosa Inanna, se case con el dios de los pastores, Dumuzi. La propia Inanna prefiere a Enkimdu, el dios de los granjeros. (Enkimdu el granjero es un personaje distinto del amigo de Gilgamesh, Enkidu.) Dumuzi se siente insultado por la preferencia de Inanna; quiere ser el marido de Inanna. Lo que sigue es una especie de concurso entre Dumuzi y Enkimdu por la mano de Inanna, en el que cada dios declara lo que puede aportar al matrimonio.

Muchos estudiosos han señalado los paralelismos entre el mito de Dumuzi y Enkimdu y la historia bíblica de Caín y Abel, ya que ambas historias implican una disputa entre un pastor por un lado y un agricultor por el otro, lo que encapsula los antiguos conflictos entre los pueblos pastores y agrícolas. Sin embargo, a diferencia de la historia bíblica, el mito sumerio de Dumuzi y Enkimdu termina con los dos dioses haciéndose amigos y acordando intercambiar los productos de sus labores entre sí. Inanna finalmente acepta casarse con Dumuzi, pero eso no se muestra en esta historia.

Hubo un tiempo en que el dios del sol Utu fue a su hermana Inanna y le dijo—: Oh, hermana mía, es hora de que te cases. Es hora de que elijas un marido. Creo que deberías casarte con el dios de los pastores, Dumuzi. Tiene muchas ovejas buenas, y sus ovejas dejan corderos sanos en su estación. La leche de sus cabras es la mejor de la tierra, y la mantequilla y el queso de sus ovejas no tienen rival. Sería el mejor marido para ti.

—¡No me casaré con un pastor!—gritó Inanna—. No me casaré con un pastor ni llevaré ropa de lana. No me casaré con un pastor, ¡no! Un granjero será mi marido. Un granjero que cultiva grano que se agita con el viento y se inclina cuando está pesado en la espiga. Un granjero que cultiva buen lino para el lino fino. ¡Me casaré con él!

Dumuzi escuchó las palabras de Inanna y le dijo—: ¿Por qué? ¿Por qué prefieres al granjero a mí? ¿Qué tiene el granjero Enkimdu que me falta? Puede que tenga una buena túnica negra, pero puede cambiármela por una oveja negra. Puede que tenga una buena túnica blanca, pero puede cambiármela por una oveja blanca. Puede fabricar buena cerveza, pero puede cambiármela por un poco de leche de cabra. Pan que puede darme a cambio de leche, y lentejas que puede darme a cambio de queso. Puede venir a cenar conmigo, ¡e incluso le daré más mantequilla y más leche!

Entonces Dumuzi llevó sus ovejas a la orilla del río a pastar, y era feliz allí con su rebaño. Mientras Dumuzi cuidaba sus ovejas, Enkimdu se acercó a él y le dijo—: ¿Por qué te comparas conmigo, oh pastor? ¿Qué razón tenemos para pelear? Tus ovejas pastan felices aquí, junto al río; también las dejaré pastar en los rastrojos después de que mis cultivos hayan sido cosechados. Tus ovejas beben felizmente agua del río; también las dejaré beber del canal que riega mi tierra.

Dumuzi escuchó las palabras de Enkimdu, y luego dijo—: Oh, granjero, déjame contarte como mi amigo. Creo que deberíamos ser amigos, tú y yo.

—Eso está bien—dijo Enkimdu—y compartiré contigo mi cebada y mis lentejas. Y también llevaré cebada y lentejas a la dama Inanna, o lo que ella desee.

El matrimonio de Martu

Martu es el nombre sumerio del dios acadio Amurru. El nombre "Amurru" también se refiere a un pueblo nómada que vivía en las colinas en lugar de los valles de los ríos más urbanizados. Los lectores modernos pueden conocer al pueblo Amurru como "Amorritas", una tribu nómada de habla semítica mencionada en el Antiguo Testamento que se originó en lo que hoy es la Siria moderna. Los amorritas no siempre vivieron en paz con los pueblos sumerios y acadios; de vez en cuando, los amorritas hacían incursiones en los asentamientos de las tierras bajas de la Mesopotamia. Los sumerios y acadios que vivían en ciudades consideraban a los amorritas como bárbaros, pero fueron los amorritas los que inundaron y finalmente se apoderaron de grandes partes del sur de Mesopotamia a partir del siglo XXII a. C. y los que finalmente fundaron la primera gran dinastía de la ciudad de Babilonia, que se convirtió en uno de los centros urbanos más importantes del mundo antiguo.

En el mito que se relata a continuación, el dios Martu es miembro de una tribu nómada que se encuentra en las cercanías de una ciudad llamada Inab, donde está a punto de celebrarse un festival en honor al dios Numushda. Martu desea casarse, y cuando gana una competición de lucha libre en honor a Numushda, declara que su premio será nada menos que la propia hija del dios, Adgarkidu. Una de las amigas de Adgarkidu está horrorizada por el combate, ya que a sus ojos Martu es un bárbaro sin escrúpulos que no es digno de casarse con la

Adgarkidu que vive en la ciudad, pero Adgarkidu declara— ¡Me casaré con Martu!—*Esta historia, por lo tanto, representa la fusión de dos culturas, la de los nómadas amorritas de las colinas y la de los asentamientos agrícolas y urbanos de los valles del Tigris y del Éufrates.*

Una vez hubo una buena ciudad llamada Inab. Estaba bien construida y bien equipada, y su gente era próspera. En las tierras que rodeaban a Inab vivían tribus de nómadas. Estos nómadas vivían capturando gacelas con redes, y cada noche, los hombres iban al centro de su campamento para recibir sus raciones. Por la ley de su dios, los hombres solteros recibían una sola ración. Los hombres con esposa pero sin hijos recibían el doble, y los hombres con esposa y un hijo recibían el triple.

Entre estas personas había un hombre llamado Martu, que era valiente, guapo y fuerte. Fue a recibir su ración, pero cada vez recibía una doble porción, aunque no estaba casado. Esto preocupaba a Martu, ya que significaba que recibía más que sus amigos, incluso los que estaban casados, ya que tenían que compartir su doble ración con sus esposas.

Martu fue a su madre y le dijo—: No es justo que yo reciba una doble porción aunque sea soltero. No es justo que reciba más de lo que reciben mis amigos casados. Estoy pensando en tomar una esposa. ¿Qué debo hacer?

La madre de Martu dijo—: Si deseas casarte, elige a la mujer con cuidado. Escoge una mujer a la que puedas amar y apreciar. Toma una mujer que puedas elegir para ti.

Martu decidió seguir el consejo de su madre. Empezó a buscar una mujer para casarse, pero no encontró ninguna entre su propia gente. Pero pronto habría un gran festival en la ciudad de Inab, un festival en honor al dios Numushda. Martu se alegró de ello, ya que podía participar en el festival y buscar una esposa—. Vengan—dijo Martu a sus compañeros—vayamos juntos al festival. Nos divertiremos y honraremos al dios, y tal vez encuentre una esposa.

Y así, Martu y sus amigos fueron a Inab para el festival. Allí vieron al dios Numushda, que estaba allí con su esposa, Namrat, y su hija, Adgarkidu. Las celebraciones fueron muy alegres. Los músicos tocaron con fuerza en los tambores por toda la ciudad, y en el templo de Numushda, los jóvenes se reunieron para competir en las competiciones de lucha en su honor.

Martu fue al templo y entró en la competición porque le encantaba luchar, y deseaba honrar al dios como era correcto y apropiado hacer. En cada combate, Martu era el vencedor. Nadie podía igualarlo en fuerza o habilidad. Todos los hombres que lucharon contra él fueron derrotados. Muchos volvieron a casa heridos, y unos pocos murieron, ya que no pudieron soportar la gran fuerza de Martu.

Numushda observó la competición de lucha, y se maravilló de la fuerza y la habilidad de Martu. Cuando vio que Martu había derrotado a todos los demás luchadores, Numushda se alegró mucho. Fue a ver a Martu y le dijo—: ¡He aquí que me has traído un gran honor este día! Deja que te recompense como te mereces. Te daré mucha plata como recompensa.

Martu se inclinó ante el dios y dijo—: El señor Numushda es muy generoso, pero no deseo la plata.

—¿Qué, entonces?—dijo Numushda—. ¿Aceptarás oro? ¿Joyas? Soy más rico que nadie y compartiré mi riqueza contigo.

—Ni el oro ni las joyas son mi deseo. Deseo casarme con tu hija, Adgarkidu, porque la he visto allí contigo, viendo la competición, y mi corazón se entrega a ella.

—Muy bien—dijo Numushda—pero si te vas a casar con ella, debes pagar un precio de novia digno de la hija de un dios.

—Di tu precio y lo pagaré—dijo Martu.

—Mi precio son los terneros. Muchos terneros, con sus madres para dar leche, y un toro para criar.

—Ese precio puedo pagar—dijo Martu.

—Mi precio también son los corderos. Muchos corderos, con sus madres para dar leche, y un buen carnero para criar.

—Ese precio puedo pagar—dijo Martu.

—Mi precio también son los niños. Muchos niños, con sus madres para dar leche, y una buena cabra para criar.

—Puedo pagar todo tu precio—dijo Martu—y más además.

Martu pagó el precio a Numushda como prometió, y dio muchos regalos de oro y plata a la gente de Inab. También les dio finas prendas de vestir, de muchos colores, y chales para las ancianas.

Los días pasaban, pero aún no se había celebrado la fiesta de bodas. La amiga de Adgarkidu observó los preparativos y vio cómo Martu pagaba el precio de su novia, pero ella no pensó mucho en Martu, a pesar de su generosidad, su fuerza y su buena apariencia. La amiga fue a Adgarkidu y le dijo— ¿Por qué te casas con ese Martu? Él realmente no es digno de ti. ¿No sabes que él y su gente viven a la intemperie, en tiendas de campaña, con solo la piel de las cabras para evitar el viento y la lluvia? Vagan por todas partes en el desierto, como animales. Apuesto a que Martu no sabe ni siquiera cómo honrar a los dioses adecuadamente. Probablemente no conoce ninguna de las oraciones ni ninguno de los rituales. ¡Incluso he oído que la gente como él come su carne cruda! Seguramente no se te ocurrirá casarte con Martu!

Pero Adgarkidu simplemente miró a su amiga y dijo—: ¡Me casaré con Martu!

Parte II: Cuentos de reyes y héroes

Enmerkar y el Ensuhkeshdanna

Enmerkar fue el legendario primer rey de Uruk, que fue divinizado y objeto de varios mitos. A Enmerkar se le atribuye haber construido la ciudad de Uruk, una de las principales ciudades sumerias antiguas situada entre los ríos Tigris y Éufrates en lo que hoy es el sur de Irak. Enmerkar también se describe como el padre de Lugalbanda, el legendario segundo rey de Uruk y el abuelo de Gilgamesh, un personaje histórico real cuyas hazañas se mitificaron en la antigua Epopeya de Gilgamesh.

Los cuentos sobre Enmerkar a menudo afirman que es el hijo de Utu, el dios del sol, lo que también lo convierte en sobrino de la diosa Inanna, la diosa tutelar de Uruk. En la historia que se relata a continuación, Enmerkar está enfrascado en una rivalidad con Ensuhkeshdanna, el señor de Aratta, una ciudad mítica que se describe en varios cuentos como hermosa y sumamente rica. Aquí Enmerkar y Ensuhkeshdanna están peleando sobre cuál de ellos tiene más derecho a los favores de Inanna. Los dos reyes emprenden su lucha por la supremacía por medio de competencias entre sus principales hechiceros.

Una vez hubo dos ciudades, Uruk y Aratta. Enmerkar, hijo de Utu, era el señor de Uruk, y Ensuhkeshdanna era el señor de Aratta. Un día, Ensuhkeshdanna tuvo en mente comenzar una rivalidad con Enmerkar, así que llamó a su mensajero y le dijo—: Ve a la ciudad de Uruk y lleva este mensaje a Enmerkar. Dile a Enmerkar que se someta a mí porque aunque él pueda disfrutar de los favores de Inanna en un hermoso lecho, yo la disfruto en un lecho aún más espléndido. Y aunque Enmerkar pueda verla mientras duerme por la noche, yo la veo durante el día y hablo con ella. Enmerkar puede tener un buen rebaño de gansos, pero el mío es aún mejor, y si Enmerkar no se somete, tendrá que rogarme para tener gansos de mi rebaño.

El mensajero corrió a Uruk con la rapidez de un halcón en vuelo y se presentó ante Enmerkar para entregar su mensaje—. Mi Señor Enmerkar, Ensuhkeshdanna, señor de Aratta, me ruega que le diga esto: "Enmerkar debe someterse a mí porque aunque él pueda disfrutar de los favores de Inanna en un hermoso lecho, yo la disfruto en un lecho aún más espléndido. Y aunque Enmerkar pueda verla mientras duerme por la noche, yo la veo durante el día y hablo con ella. Enmerkar puede tener un buen rebaño de gansos, pero el mío es aún mejor, y si Enmerkar no se somete, tendrá que rogarme para tener gansos de mi rebaño".

Enmerkar escuchó las palabras del mensajero de Aratta, y dijo—: Lleva este mensaje a tu amo. Dile que mientras él se acueste con Inanna en su hermosa cama, yo me acuesto con ella en su cama tallada con figuras de leones. El mismo Enlil me hizo rey. Cuando era un bebé, el poderoso Ninurta me arrulló en su regazo, y amamanté del pecho de Aruru, hermana de Enlil. Inanna podría visitar Aratta, pero es en Uruk donde se encuentra su hogar. ¿Y qué hay de tus bandadas de gansos? No tienes nada. Todos los gansos que tengas los obtendrás de mí, Enmerkar, rey de Uruk.

El mensajero corrió rápidamente de vuelta a Aratta y entregó el mensaje de Enmerkar a Ensuhkeshdanna. Cuando Ensuhkeshdanna escuchó las palabras de Enmerkar, se sintió abatido—. ¿Qué respuesta debo dar a Enmerkar? Lo puse a prueba, y él me superó con seguridad.

Los consejeros de Ensuhkeshdanna dijeron—: Fuiste tú quien primero envió un mensaje jactancioso a Uruk. No tienes que preocuparte por lo que él hará; tienes que controlarte. Deja de competir con Enmerkar; no conseguirás nada bueno haciendo eso.

Ensuhkeshdanna rechazó las palabras de sus consejeros—. Enmerkar podría arrasar mi ciudad hasta el suelo, y aun así seré una pieza de ladrillo entre los escombros. Nunca me someteré al rey de Uruk.

La noticia del conflicto entre Ensuhkeshdanna y Enmerkar llegó a oídos de un hechicero llamado Urgirinuna, un hombre de Hamazu. Había ido a vivir a Aratta después de que su propia ciudad fuera destruida. Urgirinuna fue al visir de Ensuhkeshdanna y dijo—: He oído lo que pasó entre Ensuhkeshdanna y Enmerkar. Dile a tu señor Ensuhkeshdanna que soy un hechicero y que puedo hacer que Uruk se someta a Aratta. Puedo hacer que Uruk y todos sus territorios se inclinen ante el poderío de Aratta. Enmerkar y la gente de Uruk vendrán aquí, y en lugar de vivir en su propia ciudad, tendrán que trabajar para nosotros.

El visir le dijo a Ensuhkeshdanna lo que el hechicero había dicho—. ¡Esto es excelente!—dijo Ensuhkeshdanna—. Tráeme al hechicero, para que le dé oro y plata para su viaje, y dile que si tiene éxito, no tendrá nada más que la comida más selecta para comer y nada más que el mejor vino para beber el resto de sus días.

El hechicero aceptó el dinero de Ensuhkeshdanna y se dirigió a la ciudad de Uruk. Cuando llegó a Uruk, ciudad de la diosa Nisaba, entró en el corral de las vacas. La vaca tembló cuando vio al hechicero—. ¿Quién bebe tu leche y come tu mantequilla?—dijo el hechicero, que tenía el poder de hablar con los animales.

—Nisaba es quien bebe mi leche y come mi mantequilla. Mi queso adorna la mesa de Nisaba—dijo la vaca.

—Que tu leche entre en tus cuernos—dijo el hechicero—. Que tu leche vaya a tu espalda.

Luego el hechicero fue al corral donde se guardaba la cabra. La cabra tembló cuando vio al hechicero.

—¿Quién bebe tu leche y come tu mantequilla?—dijo el hechicero a la cabra.

—Nisaba es quien bebe mi leche y se come mi mantequilla. Mi queso adorna la mesa de Nisaba—dijo la cabra.

—Que tu leche entre en tus cuernos—dijo el hechicero—. Que tu leche vaya a tu espalda.

Cuando el pastor fue a ordeñar la vaca, se encontró con que no tenía leche en la ubre, y su ternero lloraba de hambre. Cuando el cabrero fue a ordeñar la cabra, encontró que ella tampoco tenía leche, y su cabrito también lloraba. El pastor y el cabrero lloraban desesperados. Cayeron al suelo y rezaron a Utu—. Oh poderosa Utu—dijeron—el hechicero de Aratta vino aquí e hizo que la vaca y la cabra dejaran de dar leche. Los animales no tienen leche para alimentar a sus crías, y nosotros no tenemos leche para dar a la gente. Utu, ¡concédenos tu ayuda!

En esa época, había una mujer sabia llamada Sagburu que vivía en Uruk. Escuchó lo que el hechicero había hecho a la vaca y a la cabra—. Esto no se puede soportar—se dijo a sí misma—. Debo hacer algo con ese malvado hechicero.

Y así Sagburu fue a hablar con Enmerkar—. Sé quién es el que ha hecho que la leche se seque—dijo Sagburu al rey—y le haré pagar por su crimen.

—¿Qué harás?—dijo Enmerkar.

—Tendré una competencia de magia con él—dijo—. Lo derrotaré, y entonces él pagará el precio de sus fechorías.

—Muy bien—dijo Enmerkar—. Tu recompensa será muy grande si tienes éxito. ¡Ve y desafía al hechicero con mi bendición!

Muy pronto, Sagburu encontró al hechicero, que estaba sentado a la sombra de un árbol cerca del río—. ¡Hechicero!—dijo—. He oído lo que le hiciste a la vaca y a la cabra de Nisaba. Seguro pagarás por tus fechorías.

El hechicero se puso de pie y se enfrentó a Sagburu y dijo—: No haré tal cosa. Soy el hechicero más poderoso de la tierra, y no respondo ante nadie, excepto si me derrotan en un concurso de magia.

—¿Y si yo aceptara ese desafío?—dijo Sagburu.

—¿Tú? ¿Aceptar mi desafío? Creo que perderás—dijo el hechicero—. Pero si eliges la derrota, eso es asunto tuyo. Así que esto es lo que propongo: cada uno de nosotros debe tirar los peces que desovan en el río y hacer que surjan animales de ellos. Si mis animales derrotan a los tuyos, entonces yo gano. Si tus animales derrotan a los míos, entonces tú ganas.

—Acepto tu desafío—dijo Sagburu.

La mujer y el hechicero cogieron cada uno un puñado de huevas de pescado y las tiraron al río. El desove del pez del hechicero se transformó en una carpa gigante que saltó fuera del agua. El pez de la mujer se convirtió en un águila que se abalanzó sobre la carpa y la atrapó con sus garras. Entonces el águila voló hacia las montañas con la carpa.

Una vez más, la mujer y el hechicero arrojaron los desoves de los peces al río. El hechicero hizo que su pez se convirtiera en una oveja y su cordero. La mujer hizo que su pez se convirtiera en un lobo. El lobo saltó sobre la oveja y su cordero y los arrastró al desierto.

Una tercera vez arrojaron los desoves de los peces al río. El hechicero hizo que su pez desovara y se convirtiera en una vaca y su ternero. La mujer hizo que su pez se convirtiera en un león. El león saltó sobre la vaca y su cría y los arrastró a los cañaverales.

Una cuarta vez arrojaron los desoves de los peces al río. El hechicero hizo que su pez se convirtiera en una cabra montés y una oveja salvaje. La mujer hizo que su pez se convirtiera en un leopardo.

El leopardo saltó sobre la cabra montés y la oveja salvaje y las arrastró a las montañas.

Una quinta vez arrojaron los desoves de los peces al río. El hechicero hizo que su pez desovara y se convirtiera en un niño gacela. La mujer hizo que sus peces se convirtieran en un tigre y un león. El tigre y el león saltaron sobre la gacela y la arrastraron al bosque.

El hechicero vio cómo la mujer sabia lo había derrotado cada vez, y él se acobardó. Sagburu le dijo—: Hechicero, tienes algo de poder, pero ¿qué creías que conseguirías desafiando a una sabia mujer de Uruk? ¿Qué creías que conseguirías desafiando a una sabia mujer de la ciudad de Nisaba, la ciudad amada de Ninlil, cuyo destino está decretado nada menos que por Enlil y An?

—Ten piedad de mí—dijo el hechicero—. No sabía nada de esto cuando llegué a Uruk. Has ganado nuestro concurso; te concedo que eres la maga más poderosa. Por favor, no me hagas daño. Déjame volver a casa, a Aratta, y allí cantaré tus alabanzas a todos los que escuchen.

Sagburu respondió—: Viniste a Uruk y asustaste a los animales. Secaste las ubres de la vaca y la cabra, de modo que ahora no tenemos ni leche ni mantequilla. Te llevaste la leche, y ahora no tenemos queso para adornar nuestras mesas. No hay perdón para esta ofensa en Uruk; la ley lo ordena así. —entonces Sagburu arrojó al hechicero al río y lo mató. Cuando Sagburu estuvo segura de que el hechicero estaba muerto, regresó a su ciudad.

Cuando Ensuhkeshdanna se enteró de lo que le había pasado a su hechicero, envió un mensajero a Enmerkar. El mensajero se presentó ante Enmerkar y dijo—Ensuhkeshdanna, mi amo, me pide que le diga esto: "Seguramente Enmerkar es el favorito de Inanna, y tú eres el primero en todas las tierras. No soy tu igual y nunca te igualaré".

Lugalbanda en la cueva de la montaña

Este cuento es parte de una narración más larga que detalla las acciones del hijo heroico de Enmerkar, Lugalbanda, quien a su vez fue el padre del gran Gilgamesh. El pretexto para esta historia es el deseo de Enmerkar de declarar la guerra a Aratta. Durante la marcha del ejército de Uruk a través de las montañas Zabu (Zagros) en su camino hacia Aratta, Lugalbanda queda paralizado por una enfermedad, y sus amigos toman la desgarradora decisión de dejarlo atrás con la esperanza de que se recupere y se reúna con ellos.

Los compañeros de Lugalbanda le dejan bien provisto de muchos tipos de comida y bebida, así como su hacha y su daga. Los traductores de esta historia del Corpus de Texto Electrónico de la Literatura Sumeria señalan que mientras los amigos de Lugalbanda esperan que se recupere, en realidad están cubriendo sus apuestas y también preparándolo para el entierro, ya que el tipo de artículos que le dejan formaban parte de las tradiciones funerarias sumerias. La historia también muestra la importancia del sol, la luna y el planeta Venus dentro de la religión sumeria, ya que Lugalbanda reza a cada uno de ellos por su sanación una vez que se recupera lo suficiente para poder rezar. Otro punto de la historia es mostrar lo importante y favorecido que es Lugalbanda, ya que además de las tres deidades que lo curan, es visitado por Zangara, el dios de los sueños, y por cuatro deidades principales (An, Enlil, Enki y Ninhursag), que vienen a comer el banquete de ofrendas que él prepara para ellos.

Llegó un momento en que Enmerkar, el rey de Uruk, decidió montar una campaña contra la ciudad de Aratta. Aratta no se sometía a Uruk, así que Enmerkar reunió a su ejército y se preparó para un asalto contra esa fuerte y hermosa ciudad. El número de hombres en el ejército de Enmerkar era tan grande que era como una inundación en número y en fuerza.

Cuando todo estaba listo, Enmerkar lideró su ejército en el camino a Aratta. Enmerkar marchó a la cabeza de su ejército, y su armadura y sus armas brillaron al sol. Tan brillantemente brillaban que todos los que lo vieron no se preguntaron en lo más mínimo si era el hijo de Utu. El ejército de Uruk marchó sobre las colinas y a través de las llanuras. Durante cinco días, marcharon hacia Aratta. El sexto día, se detuvieron a descansar, y el séptimo, comenzaron a marchar hacia las montañas.

Los capitanes del ejército de Enmerkar eran siete guerreros, campeones y héroes, hijos de Urash, la diosa de la tierra, y criados en la misma casa de An. El octavo capitán era el hijo de Enmerkar, Lugalbanda, un hombre fuerte y astuto. Pero mientras el ejército marchaba por las montañas, Lugalbanda cayó gravemente enfermo. Cayó al suelo y no pudo moverse ni hablar, aunque aún respiraba y su corazón seguía latiendo. Los amigos de Enmerkar y Lugalbanda trataron de ayudarlo, pero nada de lo que hacían cambiaba las cosas.

—Deberíamos llevarlo de vuelta a Uruk—dijo un soldado.

—No podemos—dijo Enmerkar—porque es demasiado lejos para ir, y no podemos disponer de nadie.

—Llevémoslo de vuelta a Kulaba entonces—dijo otro.

—No podemos—dijo Enmerkar—porque está demasiado lejos para ir, y no podemos disponer de nadie.

Los amigos de Lugalbanda observaron el lugar donde se habían detenido, y descubrieron una pequeña cueva en la ladera de la montaña—. Dejémoslo allí—dijo uno—dejémoslo allí con provisiones y coberturas, y tal vez los dioses le sonrían y lo curen, y se reúna con nosotros cuando esté bien.

Enmerkar estuvo de acuerdo en que este era un buen plan. Los soldados colocaron a Lugalbanda dentro de la cueva y lo envolvieron bien para mantenerlo caliente. Le dejaron un buen número de provisiones, dátiles, higos y queso, pan y mantequilla, vino y cerveza, todo empaquetado en bolsas de cuero. Luego prepararon un poco de incienso en un plato y lo colgaron del techo de la cueva sobre la cabeza de Lugalbanda. Luego colocaron su buena hacha de hierro y su buena daga de hierro a su lado, y durante todos estos preparativos, los ojos de Lugalbanda estaban abiertos. Miraba lo que hacían sus amigos, y las lágrimas corrían por sus mejillas, pero aun así era incapaz de moverse o hablar.

Los amigos de Lugalbanda le dijeron—: Si te recuperas, aquí hay comida y bebida para que te pongas fuerte. Que Utu te ponga bien y te lleve a salvo a tu ciudad de Kulaba. Pero si Utu te llama a la otra vida, nos detendremos aquí cuando terminen nuestros asuntos en Aratta, y llevaremos tu cuerpo a casa para un entierro apropiado.

Entonces los amigos de Enmerkar y Lugalbanda salieron de la cueva, y el ejército siguió adelante sin él, derramando amargas lágrimas todo el tiempo, ya que todos estaban seguros de que nunca más verían al poderoso Lugalbanda con vida.

Durante dos días Lugalbanda permaneció en esa cueva, sin poder moverse ni hablar. En la tarde del tercer día, fue capaz de moverse un poco y hablar un poco, pero todavía estaba muy débil y muy enfermo. Lugalbanda levantó sus manos al cielo y con muchas lágrimas amargas rezó a Utu—. ¡Oh Utu, oh brillante, eres siempre bendito! Te ruego, déjame estar bien de nuevo. Déjame estar bien para poder salir de esta cueva y reunirme con mis amigos. No deseo morir aquí, solo y sin ser atendido por nadie que se preocupe por mí. No deseo que mis compañeros regresen aquí solo para encontrar mi cadáver. ¡Oh Utu, oh brillante, déjame estar bien de nuevo!

Utu escuchó las oraciones de Lugalbanda y le habló con palabras de aliento, pero aun así Lugalbanda estaba débil y enfermo.

Cuando Utu se fue a descansar, Lugalbanda miró al cielo, y allí vio el brillo de Inanna. Lugalbanda le levantó las manos y con muchas lágrimas amargas rezó—. ¡Oh Inanna, oh brillante! Aquí estoy en esta cueva, cuando debería estar con mis amigos. Aquí estoy, solo y sin amigos, cuando debería estar en mi propia y hermosa ciudad. ¡Déjame estar bien de nuevo! ¡Te ruego, oh brillante, no me dejes morir aquí, solo y sin amigos!

Inanna escuchó las oraciones de Lugalbanda. Entró en su cueva y le dio el regalo del sueño reparador y el de la paz en su corazón, y luego regresó a su propia ciudad.

Lugalbanda durmió un rato, y cuando despertó, era una noche profunda. Lugalbanda miró al cielo, y allí vio a Nanna brillando intensamente. Lugalbanda levantó las manos a Nanna y con muchas lágrimas le rezó—. ¡Oh brillante Nanna, oh brillante! ¡Verdaderamente amas la justicia y desprecias el mal! ¡Eres poderoso en la justicia e iracundo contra los que hacen el mal! ¡Déjame estar bien de nuevo, oh brillante Nanna!

Nanna escuchó las oraciones de Lugalbanda y vio sus lágrimas, y le dio el movimiento de sus miembros. Una vez más, Lugalbanda pudo ponerse de pie.

Por la mañana, Lugalbanda vio el brillo de Utu mientras se elevaba sobre el horizonte. La luz del dios del sol se derramó en la cueva de Lugalbanda, y el dios malvado que había golpeado a Lugalbanda se alejó de él. Cuando Lugalbanda se dio cuenta de que estaba bien de nuevo, rezó una oración de agradecimiento a Utu, alabándole mucho.

Lugalbanda salió de la cueva, y allí vio crecer plantas curativas y un arroyo que fluía con agua vital, los regalos de los dioses para él. Lugalbanda comió de las plantas y bebió del agua, y todas sus fuerzas regresaron. Regocijándose por sentirse bien de nuevo, Lugalbanda corrió por las montañas, rápido y seguro. Luego regresó a su cueva y empacó sus armas y las provisiones que sus compañeros habían dejado para él, y se puso en camino para encontrar a Enmerkar y su ejército.

Después de caminar un rato, Lugalbanda decidió detenerse y acampar. Hizo un fuego y horneó buen pan en las brasas. Comió el pan con jarabe de dátiles. Mientras Lugalbanda comía, escuchó el sonido de una gran bestia rasgando la hierba. Miró a su alrededor, y allí vio un enorme toro salvaje, comiendo la hierba y bebiendo de un arroyo cercano. Lugalbanda tendió una emboscada al toro. Lo agarró por los cuernos y lo sometió, luego lo ató en un lugar cerca de su campamento. A continuación, una manada de cabras pasó cerca del campamento de Lugalbanda. Lugalbanda salió y capturó dos buenas cabras. Las capturó, las sometió y las ató en un lugar cerca de su campamento.

Una vez comido el toro y las cabras capturadas, Lugalbanda se sintió abrumado por el cansancio. Se hizo una cama de hierbas frescas de la montaña. Luego tomó un trago de la buena cerveza que le habían dado sus amigos, y se acostó a dormir.

Mientras Lugalbanda dormía, tuvo un sueño. Zangara, el mismísimo dios de los sueños, se le apareció a Lugalbanda en forma de un gran toro. Zangara le gritó a Lugalbanda, diciendo—: ¿Quién sacrificará el toro salvaje por mí? ¿Quién sacrificará las cabras salvajes por mí? ¿Quién derramará su sangre en sacrificio? El que debe hacer esto es el que empuña el hacha de estaño. El que debe hacer esto es el que empuña la daga de hierro. Que haga una ofrenda a los dioses. Que ofrezca el toro y las cabras a los dioses al amanecer.

Lugalbanda despertó de su sueño, temblando. Se sentó durante un rato, asombrado por la aparición del dios a él. Luego tomó su hacha y su daga e hizo lo que Zangara le ordenó. Sacrificó el toro y las cabras al amanecer, derramando su sangre en un pozo. Lugalbanda preparó las ofrendas en un banquete para los dioses, y he aquí que Enlil, An, Enki, y Ninhursag vinieron a cenar la carne recién asada. Lugalbanda los alimentó bien con la carne asada, con la cerveza y el vino que tenía a mano, y para una libación derramó agua fresca.

Entonces Lugalbanda puso altares a Nanna y Utu, y los decoró bien con lapislázuli. Para Nanna y Utu, Lugalbanda preparó pasteles frescos.

[*Lo que queda de la historia está fragmentado, y el final de la historia se ha perdido. Las partes que quedan parten de una narración sobre Lugalbanda y se proyectan a lo que el Corpus Electrónico de la Literatura Sumeria dice que es una descripción de los demonios. Estas descripciones emparejan a los demonios (o a quienquiera que se describa) con varios atributos que están conectados con el dios o la diosa correspondiente. Por ejemplo, una línea los llama "gacelas de Suen", mientras que otra los llama "paños finos y lisos de Ninlil"*].

Lugalbanda y el pájaro Anzu

Esta historia de las hazañas heroicas de Lugalbanda continúa la narración de la rivalidad entre Uruk y la mítica ciudad de Aratta. También continúa la epopeya de Lugalbanda, explicando cómo se reincorpora al resto del ejército de Enmerkar después de que se recupera de la enfermedad que hizo que sus compañeros lo dejaran atrás en una cueva en las montañas Zabu (Zagros) con la esperanza de que se recuperara.

El Zagros es una cordillera que va de oeste a este a lo largo del borde meridional de Turquía, gira hacia el sureste para correr a lo largo de la frontera entre Iraq e Irán, y luego más al sur a lo largo de la costa oriental del golfo Pérsico. La cordillera de Zagros estaba alejada de las tierras sumerias y era el hogar de pueblos que ocasionalmente eran hostiles a los sumerios; así, en los mitos sumerios, estas montañas están pintadas como un lugar peligroso al que se puede entrar pero que no se puede salir con vida, así como un hogar para criaturas extrañas y fantásticas.

Una de esas criaturas que Lugalbanda encuentra en sus andanzas es el pájaro Anzu. El pájaro Anzu o, más simplemente, "Anzu", es una criatura formidable que aparece en muchos cuentos sumerios y mesopotámicos, teniendo aspectos que son buenos o malos dependiendo de cuando se creó la historia particular sobre el pájaro. La historia que se cuenta aquí se inclina a presentar al pájaro Anzu como vano y temible, pero básicamente bueno. Algunas representaciones de Anzu en el arte antiguo lo muestran como un águila con cabeza de león y otras como mitad hombre, mitad pájaro. El pájaro Anzu se asociaba con los truenos y las tormentas en los antiguos mitos sumerios, y aunque se le consideraba un ser poderoso, parece no haber disfrutado de su propio culto.

Llegó un momento en que Lugalbanda estaba en campaña con los ejércitos de las ciudades de Uruk, saliendo a luchar contra la ciudad de Aratta junto al rey Enmerkar, hijo de Utu, el dios del sol, y

Lugalbanda se separó de sus compañeros. Lugalbanda se perdió en las montañas Zabu y no tenía a nadie a quien acudir para pedir consejo. Mientras Lugalbanda caminaba por un sendero de la montaña, divisó el nido del pájaro Anzu, una criatura monstruosa con enormes garras y un pico dentado como la boca de un tiburón. El nido estaba en un gran árbol, cuya corona se extendía incluso sobre los picos más altos de la montaña, y sus raíces estaban enterradas en la boca de un gran río perteneciente a Utu, dios del sol.

—Sé lo que haré—dijo Lugalbanda—. Iré a ver al pájaro y le hablaré amablemente. Le daré buena cerveza y pasteles dulces para él y su familia. Si le trato bien, me dirá dónde han ido mis hermanos de armas, dónde podría encontrar las tropas de mi ciudad Uruk.

Lugalbanda hizo pasteles, endulzándolos con miel dorada. Fue al nido del pájaro Anzu y encontró en su interior un joven polluelo. Lugalbanda alimentó al polluelo con los dulces, y también con carne y buena grasa de oveja. Luego embelleció al polluelo, pintándole los ojos con kohl y perfumándolo con aceite de cedro. Decoró el nido con flores brillantes y virutas de cedro. Dejando atrás algo de carne salada, Lugalbanda fue y se escondió, esperando a ver qué pasaba.

Mientras Lugalbanda alimentaba al polluelo y decoraba el nido, el pájaro Anzu estaba fuera arreando su ganado. Cuando terminó su trabajo, capturó uno de los toros y lo mató, y lo puso sobre su espalda. Entonces cogió un toro vivo en sus garras, y con sus cargas, voló a casa. El pájaro Anzu llegó a su nido pero no pudo ver a su polluelo dentro de él. Cuando la esposa del pájaro Anzu llegó y miró dentro del nido, también vio que el polluelo había desaparecido. El pájaro Anzu y su esposa lanzaron un grito de luto—. ¿A dónde ha ido nuestro polluelo? Oh, esto es algo terrible. ¿Quién se ha llevado a nuestro precioso niño?

El pájaro Anzu miró más de cerca su nido, y vio que había sido decorado con flores brillantes y virutas de cedro, y en medio de esto estaba el polluelo, sus ojos pintados con kohl y su plumón untado con aceite de cedro. El pájaro Anzu vio esto y se regocijó—. ¡Mira y ve! ¡Mira lo que ha sido de mi nido! Seguramente ahora es un palacio para un gran rey. ¿Quién ha hecho esto? ¡Ven, muéstrate! Enlil es mi padre, y yo tengo el poder de decidir los destinos. ¡Muéstrate, y yo te haré un camino libre de todo enemigo y conflicto!

Lugalbanda salió de su escondite y se inclinó ante el gran pájaro—. Oh, poderoso pájaro Anzu, tus ojos brillan como un cielo lleno de estrellas. Tu envergadura es tan grande que el cielo apenas puede abarcarla. La agudeza de tus garras es incomparable y es la ruina de los toros y las vacas, las ovejas y las cabras. Tus plumas son más hermosas que el más fresco y cuidado jardín. Vine aquí ayer, esperando ponerme bajo tu protección; te saludo bien y te pido que decidas mi destino para mí.

—Tu destino será llevarte un gran regalo—dijo el pájaro Anzu—. Tendrás una gran barcaza llena de todo lo bueno, grano y pepinos, manzanas y oro. Ese será tu destino.

—Oh, gran pájaro Anzu—dijo Lugalbanda—eres muy generoso, pero no es lo que yo deseo.

—Toma entonces estas flechas—dijo el pájaro—. Siempre darán en el blanco. ¡Serás el mejor arquero del mundo entero!

—Oh, gran pájaro Anzu—dijo Lugalbanda—seguramente es un gran regalo, pero no es lo que yo deseo.

—Entonces toma el poderoso yelmo de Ninurta y su pectoral dorado.

—Ah—dijo Lugalbanda—me tientas con gran honor, pero por desgracia, eso no es lo que deseo.

—¿Qué hay de la mantequera de Dumuzi? Nunca se vacía, y nunca se cansa de batir la mantequilla más dulce—dijo el pájaro.

—Es un buen regalo—dijo Lugalbanda—pero no es lo que yo deseo.

—Ahora, entonces, Lugalbanda, no es bueno que rechaces todos mis regalos. Pero estoy en deuda contigo, y por eso te daré todo lo que me pidas.

—Oh, gran pájaro Anzu—dijo Lugalbanda—dame el poder de correr. ¡Déjame correr y correr y no cansarme nunca! Déjame correr rápido como el rayo, rápido como el viento aullador. Si miro hacia el lugar al que quiero ir, ¡déjame llegar allí en un santiamén! Dame esto y ordenaré que te hagan una estatua, más hermosa que cualquier otra estatua del mundo. Todo Sumeria se enterará de tu belleza y tu poder, y por eso te alabarán a ti y a los dioses.

Y así fue que el pájaro Anzu le dio a Lugalbanda el poder de correr. Le dio el poder de correr sin cansarse; le dio la rapidez de los relámpagos y los aullidos del viento—. Y he aquí—dijo el pájaro—mi estatua será la más hermosa, y mi nombre será proclamado por todo Sumeria.

Lugalbanda agradeció al pájaro por su regalo y luego preguntó si el pájaro sabía dónde estaban sus compañeros—. No lo sé—dijo el pájaro—pero veré si puedo encontrarlos.

El pájaro Anzu desplegó sus grandes alas y voló en el aire. Después de dar vueltas durante un tiempo, vio a las tropas de Uruk. Volvió a su nido y dijo—: Los he encontrado, Lugalbanda, y te diré por dónde ir, pero primero debes escuchar mis palabras. Cuando encuentres a tus compañeros, no les cuentes el regalo que te he hecho, porque nunca se sabe cuándo un regalo puede convertirse en una maldición disfrazada. Y no vuelvas aquí a mi nido. Quédate con tus amigos.

Lugalbanda tomó sus armas y se puso en marcha para encontrar las tropas de la ciudad de Uruk. Cuando llegó a su campamento, se sorprendieron y se alegraron de verlo—. ¡Lugalbanda!—gritaron—. ¿Dónde has estado? Te buscamos por todas partes pero no te encontramos. ¡Te habíamos dado por muerto! ¡Nadie vuelve vivo de esas montañas!

—Bueno, vadeé los ríos con mis propias piernas y me bebí todas sus aguas—dijo Lugalbanda—. Comí de lo que encontré en los prados y de las bellotas bajo los árboles. —Todos los hombres de Uruk se reunieron alrededor de Lugalbanda para escuchar su historia, para darle comida y bebida, y alegrarse de que hubiera regresado a ellos ileso.

Al día siguiente, los ejércitos de Uruk marcharon a la ciudad de Aratta, y acamparon fuera de las murallas. Los hombres de Aratta lanzaron jabalinas y piedras a los hombres de Uruk. Los hombres de

Aratta lanzaron tantas jabalinas y piedras que fue como si la lluvia cayera del cielo.

Durante mucho tiempo, los hombres de Uruk lucharon por tomar Aratta, pero no tuvieron éxito. Lo intentaron durante muchos meses, y pronto los meses se convirtieron en un año, y aun así Aratta no cayó. Delante de ellos, los hombres de Uruk tenían una tormenta de jabalinas y piedras, y detrás de ellos tenían montañas llenas de espinas y bestias caídas, y nadie sabía cómo podrían volver a su ciudad con vida.

El rey Enmerkar, valiente como era, comenzó a pensar que tal vez aquí es donde se encontraría con su destino, junto con su ejército. Preguntó a sus soldados quiénes volverían a Uruk a buscar ayuda, pero ninguno quiso ir. Se dirigió a sus soldados de élite, héroes cada uno de ellos, y preguntó quién de ellos iría a Uruk, pero ninguno iría. Una vez más, le preguntó a los soldados regulares, y una vez más, se negaron. Una vez más, Enmerkar fue a los soldados de élite y preguntó quién de ellos iría a Uruk, y esta vez, Lugalbanda se puso de pie y dijo—Oh rey Enmerkar, haré este encargo, pero debo hacerlo solo.

Enmerkar dijo—Muy bien. Ve a Uruk, y ve sin compañeros. Lleva contigo el estandarte de Uruk. ¡Ve de prisa! ¡Regresa pronto! ¡Protege el estandarte con tu propia vida!

Entonces Enmerkar, hijo de Utu, dijo a Lugalbanda—Este es el mensaje que llevarás. Ve a mi hermana Inanna y dile: "¡Oh Inanna, mi hermana! Tu deseo era que yo levantara la ciudad de Uruk del pantano de Uruk. El poderoso Enki me ayudó a drenar el pantano, y allí construí mi ciudad, y la construcción de la misma llevó cincuenta años. Y ahora me encuentro aquí en campaña, y mi santa hermana me ha abandonado. Ha huido a la ciudad de Uruk, dejándome aquí para dirigir estos ejércitos solo. Si vas a abandonarme, al menos procura que regrese a casa, para que pueda dejar mi lanza. Y cuando regrese, podrás partir mi escudo en dos". Eso es lo que debes decirle a mi hermana Inanna.

Entonces Lugalbanda dejó la presencia del rey y fue a recoger lo que necesitaba para su viaje. Se había corrido la voz por todo el campamento de que Lugalbanda se iba a marchar por encargo del rey, y en todas partes donde iba sus camaradas le gritaban que no se fuera—. ¿Por qué tienes que irte?—le dijeron—. ¡Busca a otro para hacer este recado! ¡No nos dejes!

—Debo irme—dijo Lugalbanda—. Hice un juramento solemne al rey, y debo ir solo.

—Si te vas, nunca volverás—dijeron sus compañeros—. ¡Debes cruzar esas montañas, y nadie baja vivo de ellas!

—No debo demorarme—dijo Lugalbanda—. Debo ir, y nadie debe venir conmigo.

Lugalbanda tomó sus armas y provisiones, y se fue del campamento. Caminó hacia las montañas y a través de las llanuras. Llegó a la ciudad de Uruk a medianoche y se presentó ante la señora Inanna. Lugalbanda le dijo—: Oh, señora Inanna, saludos. Vengo a ti con un mensaje de tu hermano, Enmerkar, que me pide que diga esto: "¡Oh Inanna, mi hermana! Tu deseo era que yo levantara la ciudad de Uruk del pantano de Uruk. El poderoso Enki me ayudó a drenar el pantano, y allí construí mi ciudad, y la construcción de la misma llevó cincuenta años. Y ahora me encuentro aquí en campaña, y mi santa hermana me ha abandonado. Ha huido a la ciudad de Uruk, dejándome aquí para dirigir estos ejércitos solo. Si vas a abandonarme, al menos procura que regrese a casa, para que pueda dejar mi lanza. Y cuando regrese, podrás partir mi escudo en dos.

Inanna escuchó el mensaje de Lugalbanda, y le dijo—: Te agradezco que me hayas traído las palabras de mi hermano. Este es el mensaje que debes llevarle. Dile que debe ir al río sagrado de Inanna. En sus orillas crecen los sagrados tamariscos. Un tamarisco está solo allí. Enmerkar debe cortar ese solitario tamarisco y hacer de él un cubo. Luego debe limpiar la orilla del río de sus cañas y atrapar el pez sagrado suhurmash que nada en esas aguas. Debe cocinar el pescado y sazonarlo bien, y luego debe ofrecerlo al arma de guerra sagrada de Inanna. Cuando eso esté hecho, Enmerkar tendrá la fuerza necesaria para derrotar a la ciudad de Aratta. Y cuando haya tomado la ciudad, debe quitarle sus metales, sus trabajadores, sus piedras y sus canteros. Debe reconstruir la ciudad y hacerla suya. Enmerkar debe hacer lo que yo le ordene, y entonces la ciudad de Aratta le pertenecerá.

El sumerio Gilgamesh

Parte I: Inanna y el árbol Huluppu

La versión sumeria de la epopeya de Gilgamesh comparte ciertos episodios con la posterior y más conocida versión babilónica, pero otros aspectos de la colección de cuentos sumerios son distintos. La historia que se cuenta a continuación es uno de estos mitos distintos, que cuenta los eventos que ocurrieron justo después de la creación del mundo. En esta historia, se dice que Gilgamesh es el hermano de la diosa Inanna, que ha plantado un árbol huluppu, posiblemente un sauce, según el asiriólogo Samuel Kramer, del que desea hacer algunos muebles. Pero el demonio hembra Lilith, una serpiente, y el pájaro Anzu están ocupando el árbol, impidiendo que Inanna lo corte, así que recluta a Gilgamesh para que la ayude.

Aunque Gilgamesh fue un personaje histórico real que gobernó Sumeria algún tiempo antes del 2300 a. C., aquí lo vemos como un héroe mitológico y una figura divina que puede desterrar fácilmente a criaturas tan poderosas como el pájaro Anzu y que puede arrancar árboles enteros con sus propias manos. En gratitud por la ayuda de su hermano, Inanna usa las ramas y raíces del árbol para hacer para

Gilgamesh un mikku *y un* pukku, *dos objetos que se cree que fueron el palo y la pelota, respectivamente, que se usaban en una especie de antiguo juego sumerio, cuyas reglas se han perdido ahora.*

Hace mucho, mucho tiempo, en los primeros días del mundo, en esos primeros días después de que todo hubiera sido creado por los dioses, un árbol *huluppu* creció a orillas del río Éufrates. Pero un día, una gran tormenta surgió, una tormenta con un gran viento del sur, y el viento desarraigó el árbol y lo mandó a caer al agua.

El árbol flotó a lo largo del río. La Santa Inanna estaba caminando a lo largo de la orilla del río, y vio al árbol siendo llevado por la corriente. Inanna pensó—: Si me llevo este árbol a casa y lo planto en mi jardín de Uruk, crecerá bien, y lo usaré para hacer una bonita silla para sentarme y un bonito sofá para tumbarme.

Así que Inanna arrancó el árbol del río y lo plantó en su jardín. Inanna cuidó bien y con cuidado el árbol, esperando que creciera lo suficiente para poder usarlo para hacer su silla y su sofá.

Después de muchos años, el árbol había crecido, y su tronco se había vuelto grueso, así que Inanna pensó en cortar el árbol, porque ahora podría hacer una silla y un sofá finos. Pero cuando Inanna intentó cortar el árbol, se dio cuenta de que no podía hacerlo. Inanna no podía cortar el árbol, porque una serpiente que no podía ser tocada por la magia se había enroscado en las raíces del tronco, y el pájaro Anzu había hecho un nido para sus crías en las ramas, y la mujer demonio Lilith había hecho su hogar dentro del tronco.

Inanna vio a la serpiente, al pájaro y a la mujer que habían hecho su hogar en su árbol, e Inanna lloró. Lloró muchas lágrimas amargas, esta mujer que hasta ahora solo había conocido la alegría. Lloró porque no podía cortar su árbol y hacer su silla o su sofá.

Inanna fue a ver a su hermano, Utu, el dios del sol. Le contó todo lo que había pasado, cómo había arrancado el árbol del río y lo había plantado en su jardín, cómo quería hacer una silla y un sofá con su madera, pero que ahora no podía cortar el árbol por culpa de la serpiente y el pájaro Anzu y la mujer demonio Lilith.

Utu no escuchó a su hermana. Se negó a ayudar a Inanna.

Inanna acudió a su hermano, Gilgamesh, el poderoso héroe. Le contó todo lo que había pasado, cómo había arrancado el árbol del río y lo había plantado en su jardín, cómo quería hacer una silla y un sofá con su madera, pero que ahora no podía cortar el árbol por culpa de la serpiente y el pájaro Anzu y la mujer demonio Lilith.

El poderoso Gilgamesh ayudó a su hermana, Inanna. Gilgamesh se ató su armadura y tomó su poderosa hacha que había blandido contra muchos enemigos, la armadura y el hacha que ningún otro hombre tenía la fuerza para soportar o manejar. Entonces Gilgamesh convocó a sus compañeros de la ciudad de Uruk, y junto con sus compañeros, Gilgamesh fue al árbol que su hermana había plantado en su jardín.

Gilgamesh fue al árbol, e hirió a la serpiente que no podía ser encantada por la magia que la había enroscado en la base del árbol. Cuando el pájaro Anzu vio lo que Gilgamesh había hecho a la serpiente, llamó a sus crías, y todas volaron a una tierra lejana. Cuando la mujer demonio Lilith vio lo que Gilgamesh había hecho a la serpiente, huyó del árbol y corrió muy, muy lejos en el desierto.

Entonces Gilgamesh arrancó el árbol usando nada más que sus manos desnudas y la fuerza de sus brazos. Entonces los compañeros de Gilgamesh despojaron al árbol de sus ramas y las ataron cuidadosamente en manojos. El tronco del árbol que Gilgamesh le dio a su hermana, Inanna, y de esa madera Gilgamesh hizo su silla y su sofá. Las raíces y las ramas del árbol que Gilgamesh guardó para sí mismo. De las raíces, Inanna hizo para Gilgamesh un *pukku*, y de las ramas, hizo un *mikku*, la pelota y el palo que Gilgamesh usaba para jugar su juego.

Parte II: Enkidu en el inframundo

La mayor parte de esta sección del mito está dedicada a una explicación detallada de la comprensión sumeria de la vida después de la muerte. En el inframundo sumerio, los muertos afortunados son los que tuvieron muchos hijos, especialmente hijos varones (siete es el número perfecto), mientras que los que se negaron o fueron incapaces de tener hijos quedan atrapados en bucles de molestias triviales. Otros muertos afortunados son aquellos cuyos parientes vivos les hacen ofrendas, así como los niños nacidos muertos, que disfrutan de una especie de paraíso. Los leprosos, en cambio, no reciben ningún alivio de sus sufrimientos, y los guerreros muertos en batalla deben existir sin consuelo, sabiendo que sus seres queridos lloran por ellos.

Esta sección del Gilgamesh sumerio también varía mucho de la versión babilónica en el personaje de Enkidu. En la epopeya babilónica, Enkidu es un hombre salvaje y peludo enviado a matar a Gilgamesh pero que acaba convirtiéndose en el compañero de armas y mejor amigo de Gilgamesh; juntos, la pareja comparte muchas aventuras heroicas. Sin embargo, aquí en la versión sumeria, Enkidu es tan humano y civilizado como su noble amo, y en lugar de ser una figura heroica, es simplemente un sirviente, aunque uno al que Gilgamesh ama profundamente.

Gilgamesh tomó su *mikku* y *pukku* que hizo de la madera del árbol *huluppu* de Inanna y luego fue a la plaza del pueblo y comenzó a jugar a la pelota con ellos. Los jóvenes del pueblo se unieron a él en su juego. Juntos jugaron por toda la plaza. Gilgamesh no trató a los jóvenes con amabilidad. Los golpeó con la pelota; los golpeó con su palo. Cuando las viudas fueron a llevar comida a sus hijos, los jóvenes se quejaron de que Gilgamesh los había usado muy bruscamente. Cuando las doncellas fueron a llevar agua a sus hermanos, los jóvenes se quejaron de que Gilgamesh les había hecho daño con la violencia de su juego.

Al atardecer, Gilgamesh tomó su palo y marcó el último punto donde había caído la pelota, pensando en reanudar el juego al día siguiente. Tomó su palo y su pelota y se fue a casa, donde comió y se retiró por la noche. A la mañana siguiente, Gilgamesh volvió a la plaza del pueblo para jugar a la pelota. Pero las viudas y las jóvenes doncellas habían estado llorando a los dioses sobre cómo habían sido tratados sus jóvenes, y así, el palo y la pelota de Gilgamesh se le cayeron de las manos y bajaron, bajaron, al mismísimo inframundo.

Gilgamesh trató de recuperar su palo y su pelota. Abajo, abajo, abajo, estiró su mano, pero no pudo alcanzarlos. Lo intentó con el pie. Abajo, abajo, abajo, estiró su pie, pero aun así no pudo alcanzar su palo y su pelota. Gilgamesh bajó a la puerta del inframundo. Se sentó frente a la puerta y comenzó a llorar—. ¡Oh, cómo me duele el corazón por la pérdida de mi palo! ¡Oh, cómo mis ojos lloran por la pérdida de mi pelota! ¿Cómo podré recuperarlas?

Y así fue como Gilgamesh se sentó ante la puerta del inframundo y lloró la pérdida de su *mikku* y *pukku*.

Enkidu, el sirviente de Gilgamesh, escuchó a su amo llorar. Enkidu fue a Gilgamesh y dijo—Oh mi amo, ¿por qué lloras tanto? ¿Qué ha pasado que estás de luto?

Gilgamesh respondió—: Mi pelota y mi palo han caído en el inframundo, y no puedo recuperarlos.

—No temas—dijo Enkidu—. No llores más. Iré al inframundo yo mismo. Te devolveré tu palo y tu pelota.

—Muy bien—dijo Gilgamesh—. Ve y tráemelos. Pero debes escuchar mis instrucciones y prestar atención. No uses ropa limpia. Los muertos sabrán que no perteneces a ellos. No te unjas con aceite. Los muertos olerán el aroma y te rodearán. No lances un palo lanzador en el inframundo. Aquellos a los que golpees también te rodearán. No lleves un bastón, porque eso asustará a los espíritus y los enfurecerá. No lleves sandalias en los pies, ni hables en voz alta.

No abraces a la esposa y al hijo que amas. No golpees a la esposa y al hijo que odias. ¡Si gritan, nunca se te permitirá salir!

—La madre de Ninazu está allí, la madre del dios del inframundo. ¡Es una criatura muy temible, que hay que evitar, porque no lleva ni vestidos brillantes ni cambios de lino, y sus uñas son tan largas y afiladas como la cabeza de un pico, y las usa para arrancar su propio pelo, que crece en su cabeza como los puerros crecen en un jardín!

Pero Enkidu no hizo caso de las órdenes de Gilgamesh. Se vistió con ropas limpias y se ungió con aceite. Se puso las sandalias en los pies. Se llevó consigo su palo de lanzar y su bastón. Y allí, en el inframundo, lanzó el palo de lanzar y golpeó a algunos de los muertos con él. Habló con una voz fuerte. Abrazó a la esposa y al hijo que amaba, y golpeó a la esposa y al hijo que odiaba. ¡Oh, cómo se gritó en el inframundo que un intruso estaba entre los espíritus de los muertos y los usaba mal!

Pasaron siete días. Gilgamesh esperó siete días a que su sirviente Enkidu volviera a él, pero Enkidu no regresó. Gilgamesh comenzó a llorar—. ¡Ay, ay, ay! Mi amado sirviente Enkidu se ha ido al inframundo y no puede salir.

Gilgamesh fue al E-kur, al hogar del gran dios Enlil. Gilgamesh se arrodilló ante el gran Enlil y dijo—: ¡Ay! Mi amado sirviente Enkidu ha ido al inframundo a devolverme mi *mikku* y mi *pukku*, pero no le dejarán salir. No le dejarán salir del inframundo. Enkidu ha pasado por la furia de la batalla y no ha muerto, pero ahora está en el inframundo y no puede salir. Entró en el inframundo por su propia puerta, por su propia voluntad. No fue llevado allí por Namtar, dios del destino, o por el demonio Asag, o incluso por Nergal, el dios del inframundo. Enkidu se fue por su propia voluntad y ahora no puede irse.

Pero Enlil no quiso escuchar la oración de Gilgamesh. Enlil no liberaría a Enkidu del inframundo.

Luego Gilgamesh fue a Eridu, el hogar del gran dios Enki. Gilgamesh se arrodilló ante el gran Enki y dijo—: ¡Ay! Mi amado sirviente Enkidu ha ido al inframundo para devolverme mi *mikku* y *pukku*, pero no le dejarán salir. No le dejarán salir del inframundo. Enkidu ha pasado por la furia de la batalla y no ha muerto, pero ahora está en el inframundo y no puede salir. Entró en el inframundo por su propia puerta, por su propia voluntad. No fue llevado allí por Namtar, dios del destino, o por el demonio Asag, o incluso por Nergal, el dios del inframundo. Enkidu se fue por su propia voluntad y ahora no puede irse.

Enki escuchó la difícil situación de Gilgamesh, y escuchó su oración. Enki se volvió hacia su hijo Utu y le dijo—: Ayudarás a Gilgamesh a recuperar a su sirviente. Usa tu poder para abrir una grieta en el inframundo. Trae de vuelta a Enkidu a través de esta grieta.

Utu hizo lo que Enki le ordenó. Causó que se formara una gran grieta en la pared del inframundo. Utu envió un fuerte viento a través de la grieta. El viento buscó a Enkidu y lo trajo de vuelta a la tierra de los vivos a través de la grieta que Utu había hecho.

Cuando Enkidu volvió a Gilgamesh, Gilgamesh lo abrazó de todo corazón. Enkidu abrazó a su amo de corazón. Ambos lloraron lágrimas de alegría porque Enkidu había vuelto vivo del inframundo.

—Dime—dijo Gilgamesh—dime todo lo que viste y escuchaste en el inframundo. Dime cómo es allí, en la tierra de los muertos.

—Puedo decirte estas cosas—dijo Enkidu—pero deberías sentarte primero, porque seguramente lo que tengo que decir te hará llorar.

—Muy bien—dijo Gilgamesh—me sentaré y lloraré, solo cuéntamelo todo.

—Los órganos de la generación, el miembro masculino y el lugar secreto de la mujer, se pudren y se convierten en polvo.

—¡Oh!—gritó Gilgamesh, y luego se sentó y comenzó a llorar.

—¿Pero qué pasa con el hombre que tiene un hijo?—dijo Gilgamesh—. Cuéntame cómo le va en el inframundo.

—Mira la estaca que está en la pared de al lado y le hace llorar.

—¿Y el hombre que tiene dos hijos? ¿Qué pasa con él?

—Se sienta en unos ladrillos y come pan—dijo Enkidu.

—¿Qué pasa con el hombre que tiene tres hijos? ¿Cómo va con él?

—Bebe agua que se mantiene en una piel de agua, del tipo que se cuelga en la silla de montar—dijo Enkidu.

Entonces Gilgamesh preguntó—Y el hombre que tiene cuatro hijos, ¿qué pasa con él en el inframundo?

—Oh, ese hombre se regocija, como un hombre que tiene cuatro finos asnos para trabajar para él.

—¿Qué pasa con el hombre que tiene cinco hijos?—preguntó Gilgamesh.

Enkidu respondió—Ese hombre es como un buen escriba. Es incansable y siempre puede entrar en el palacio con gran facilidad.

—¿Cómo va con el hombre que tiene seis hijos?

—Ese hombre se regocija como el granjero que tiene buena tierra para cultivar—dijo Enkidu.

—Y el hombre que tiene siete hijos—dijo Gilgamesh—. ¿Cómo le va con él?

—Oh, ese hombre es muy bendecido—dijo Enkidu—porque tiene permiso para sentarse entre los dioses y escuchar su discurso.

—¿Qué pasa con el hombre que no tiene hijos?—preguntó Gilgamesh.

Enkidu respondió—Ese hombre debe comer pan tan duro que es como una teja de arcilla.

—Y el eunuco que sirve al rey, ¿qué pasa con él?

—Está de pie en el rincón como un palo inútil.

—¿Qué hay de la mujer que nunca tuvo hijos? ¿Cómo va con ella?—preguntó Gilgamesh.

—Se la echa a un lado como una olla vacía, y ningún hombre se le acerca.

—Y el hombre que nunca tuvo relaciones con su esposa—dijo Gilgamesh—. ¿Qué pasa con él?

—Hace una cuerda, y cuando está hecha, llora por ella—dijo Enkidu.

—¿Qué hay de la esposa que nunca tuvo relaciones con su marido?—preguntó Gilgamesh.

—Hace una estera de caña, y cuando está hecha, llora por ella.

—Y los leprosos, ¿cómo les va en la tierra de los muertos?

—Se mueven como los bueyes bajo el aguijón de las moscas—dijo Enkidu.

—¿Qué hay del guerrero que fue asesinado en el campo? ¿Qué será de él?

—Su madre no puede consolarlo, y su esposa llora sin cesar.

—Los muertos que no reciben ofrendas—dijo Gilgamesh—. ¿Qué pasa con ellos?

—Viven de recoger costras de pan que otros tiran a la calle.

—Los niños pequeños que nacen muertos y mueren sin siquiera ser nombrados, ¿qué pasa con ellos?

—Oh, viven muy bien, comiendo leche y miel de una mesa dorada.

—Y el hombre que fue quemado hasta morir—dijo Gilgamesh—, ¿qué será de él?

—Su espíritu no está en el inframundo. Subió al cielo como una brizna de humo.

Parte III: Gilgamesh y Huwawa

A pesar de su naturaleza semidivina, Gilgamesh es consciente de su propia mortalidad, y en esta historia, desea asegurarse de que su nombre se conozca después de su muerte. En su búsqueda para lograrlo, va a las montañas de Cedro para cortar árboles y allí perturba a una poderosa y misteriosa criatura conocida como Huwawa. Huwawa no está descrito en la versión sumeria del mito, pero en la versión babilónica -en la que se le llama Humbaba- se le dibuja como una especie de gigante grotesco con cara de león al que el dios Enlil ha encargado que proteja los bosques de cedro.

En esta historia, Huwawa encuentra el ruido de las actividades madereras de Gilgamesh insoportable y por lo tanto pone al héroe y a sus compañeros en un sueño encantado, lo que enfurece mucho a Gilgamesh una vez que despierta y se da cuenta de lo que Huwawa ha hecho. Gilgamesh decide vengarse, primero engañando a Huwawa para que le diera a Gilgamesh algunos de sus poderes. Luego Gilgamesh ataca a Huwawa y lo toma cautivo, después de lo cual Enkidu lo mata. Al final, Gilgamesh aprende una dura lección sobre la venganza y la sed de poder; cuando Enlil descubre lo que Gilgamesh y Enkidu han hecho, despoja a Gilgamesh de los poderes de Huwawa y los distribuye por todo el mundo.

Un día, Gilgamesh miró hacia las montañas. Miró hacia las montañas donde habitaba el Viviente y pensó para sí mismo que debía hacer un viaje allí. Gilgamesh dijo a su sirviente Enkidu—: Tengo la intención de hacer un viaje a la montaña del Viviente, porque la muerte le llega a todo hombre independientemente de su posición. Haré un viaje a esa montaña y allí estableceré mi nombre. En los lugares donde otros han establecido sus nombres, yo también estableceré el mío. En los lugares donde aún no se han establecido los nombres, estableceré los nombres de los dioses.

Enkidu dijo—Mi señor, un viaje a la montaña seguramente es algo bueno, pero primero deberías decirle a Utu lo que te propones hacer.

Dile a Utu, el dios del sol, que te propones ir a las montañas de Cedro porque todo lo que concierne a las montañas concierne a Utu. Dile lo que te propones hacer.

Gilgamesh vio la sabiduría de las palabras de Enkidu, y así, tomó una cabra y la sostuvo en su pecho. Tomó su bastón sagrado y lo sostuvo ante su cara, y luego le habló a Utu, que habita en los cielos—: Oh Utu, oh resplandeciente, me propongo ir a las montañas de Cedro. ¡Oh Utu, que habitas en los cielos, voy a las montañas, y te pido ayuda!

Utu respondió—: ¿Qué harías allí en las montañas? En tu propia tierra eres un rey y un noble, pero ¿qué puesto tendrías en las montañas?

—O brillante, he pensado en esto. He pensado en mi viaje, y deseo que tú te ocupes de mi pensamiento. Miro alrededor de mi ciudad, y cada día la gente muere. La gente muere, y luego los vivos los lloran, y todos los corazones se agobian. Miré por encima de la muralla de mi ciudad, miré el río, y he aquí que estaba lleno de cadáveres. Miré por encima de la muralla de mi ciudad y vi eso, y sé que un día seré como uno de esos muertos que flotan en el río. Ningún hombre puede escapar a su destino, porque ningún hombre es lo suficientemente grande para lograrlo.

—Sé que algún día moriré. Moriré y me iré de este mundo, pero antes de hacerlo, quiero establecer mi nombre en las montañas. Estableceré mi nombre en todos los lugares donde pueda establecerse, y en los lugares donde no pueda establecerse el nombre de nadie, estableceré los nombres de los dioses.

Y así fue como Gilgamesh le dijo a Utu lo que se proponía hacer, derramando muchas lágrimas todo el tiempo. Utu escuchó las palabras de Gilgamesh y vio sus lágrimas y aceptó esas lágrimas como un regalo, como uno con un corazón compasivo siempre debe hacer.

—Déjame decirte lo que haré—le dijo Utu a Gilgamesh—. Te ayudaré en tu búsqueda. Hay siete guerreros, todos hijos de la misma madre. ¡Son grandes y fuertes, todos y cada uno de ellos! El mayor tiene patas de león y garras de águila. El segundo es una serpiente venenosa. El tercero es verdaderamente un dragón. El cuarto es todo de fuego. La quinta es otra serpiente. La sexta es una inundación que lava todo lo que tiene delante. La séptima es un relámpago, y nadie puede desviarlo. No hay lugar en la Tierra que no conozcan, ningún camino o sendero que les sea desconocido, y te ayudarán en tu viaje a las montañas de Cedro.

Gilgamesh se regocijó mucho con las palabras de Utu. Se dirigió al centro de su ciudad y sopló una gran explosión sobre su cuerno. La explosión fue tan grande que todos los que la escucharon se preguntaron cómo un hombre podía hacer tal sonido, ya que era tan fuerte que sonaba como si dos hombres estuvieran soplando sus cuernos juntos con todas sus fuerzas.

Entonces Gilgamesh dijo a la gente de su ciudad—: ¡Necesito cincuenta hombres que me ayuden en mi misión! ¡Que sean hombres jóvenes y fuertes, que aún no se hayan casado!

El pueblo siguió las órdenes de Gilgamesh. Cincuenta hombres jóvenes, fuertes y solteros se presentaron para ser los compañeros de Gilgamesh.

Gilgamesh lideró la banda de cincuenta a la fragua. Allí hizo que se lanzaran las armas para sus hombres, cuchillos largos y hachas de batalla. Luego llevó a su banda de cincuenta al bosque. Allí cortaron árboles de ébano, albaricoque y boj, y usaron la madera para los ejes e hileras de las armas.

Cuando todo estaba listo, Gilgamesh se dirigió a las montañas. Fue a las montañas buscando el cedro perfecto para usar. Cruzó la primera cadena montañosa, pero el cedro perfecto no estaba allí. Cruzó la segunda cordillera, pero el cedro perfecto no estaba allí. Cruzó la tercera cordillera, y la cuarta, pero el cedro perfecto tampoco estaba allí. Cruzó la quinta cordillera, y la sexta, pero el cedro perfecto no estaba allí. Finalmente, llegó a la séptima cordillera, y allí estaba el cedro perfecto, el que Gilgamesh había estado buscando.

Gilgamesh tomó su poderosa hacha y taló ese gran cedro. Enkidu tomó su hacha y cortó las ramas. Los cincuenta hombres de la banda de Gilgamesh recogieron las ramas y las colocaron cuidadosamente en un montón.

La tala del árbol, el corte y apilamiento de las ramas hicieron mucho ruido. El ruido perturbó a Huwawa en su guarida. Huwawa se asustó por todo el ruido, y así, envió su poder contra Gilgamesh y sus hombres. De repente, Gilgamesh y sus hombres se quedaron dormidos. Todos cayeron al suelo y estaban insensibles.

Durante mucho tiempo durmieron, y el primero en despertar fue Enkidu. Enkidu miró a su alrededor. Se frotó los ojos y miró a su alrededor, y en todas partes no había nada más que silencio. Enkidu fue a Gilgamesh y lo tocó, pero Gilgamesh no se despertó—. Oh Gilgamesh, oh mi señor y rey, ¿todavía quieres dormir? ¡Mira, el día casi ha terminado! Utu está terminando su viaje y se va a descansar; ¿todavía quieres dormir? Los cincuenta que vinieron contigo, deberían volver a su ciudad. Sus madres los están esperando. ¿Dormirás todavía?

Pero Gilgamesh no se despertaba, así que Enkidu tomó un paño y lo empapó con un aceite precioso. Frotó el aceite sobre el pecho de Gilgamesh, y cuando esto terminó, Gilgamesh se despertó y saltó a cuatro patas como un gran toro. Inclinó su cuello hacia abajo y rugió—: Por la vida de Ninsun, la diosa que me dio a luz, y por mi padre, el gran Lugalbanda, ¿cómo es que duermo como un bebé, como el bebé que estaba en el pecho de Ninsun? ¡Juro que hasta que encuentre al que me hizo esto, no volveré a mi ciudad, y no me importa si es mortal o divino!

Enkidu trató de calmar a su amo, diciendo—: Mi señor, no has visto al que hizo esto, ¡pero yo sí! Oh, lo he visto, y es temible de contemplar. Es un gran guerrero, con dientes como un dragón. Apuesto a que se da un festín de carne humana como los leones del desierto.

—Sube a las montañas, pero déjame volver a nuestra ciudad. ¿Qué le diré a tu madre? Seguramente se regocijará si aún vives, pero si debo decirle que has muerto, llorará y se pondrá a llorar.

—No temas, Enkidu—dijo Gilgamesh—no temas, porque iremos juntos y no moriremos, porque ¿quién se enfrentará a nosotros? Vayamos y busquemos al que hizo esto. No temas; ¡vamos a buscarlo!

Pero Huwawa nunca dejó que nadie se le acercara más de sesenta polos, y era tan temible esa criatura, que quienquiera que mirara moriría. Huwawa sabía que Gilgamesh y Enkidu se acercaban, y dijo muy claramente—: ¡Sé que estás ahí! ¡Nunca volverás a tu ciudad! ¡Nunca volverás con tu madre!

Gilgamesh escuchó las palabras de Huwawa, y una gran ola de terror se levantó dentro de su cuerpo, y se encontró con que no podía moverse. Gilgamesh se llenó de miedo, y se puso de pie como si estuviera arraigado al lugar.

Huwawa miró a Gilgamesh y le dijo—: Mírate, tan bien hecho en tu cuerpo. ¡Un hijo hermoso eres para tu madre! Eres un árbol alto, noble y valiente, ¡y el consentido de los dioses! ¡Pon las manos en el suelo, entonces, no tengas miedo!

Gilgamesh hizo lo que le dijo Huwawa, y con las manos en el suelo, dijo—: ¡Por mi madre Ninsun, la diosa que me dio a luz, y por mi padre, el gran Lugalbanda! Creo que tú y yo deberíamos hacer un pacto juntos. Déjame darte a mi hermana mayor Enmebaragesi para que sea tu esposa. ¡Déjame también darte a mi hermana pequeña Peshtur para que sea tu concubina! Son tuyas si me das tu poder de miedo, y nos uniremos como parientes.

Y así, Huwawa le dio a Gilgamesh su primer poder del miedo. Los compañeros de Gilgamesh tomaron y quitaron las ramas. Luego apilaron las ramas ordenadamente y las ataron en manojos y las llevaron todas al pie de la montaña, donde las dejaron.

Entonces Gilgamesh fue por segunda vez a Huwawa y dijo—: Por mi madre Ninsun, la diosa que me dio a luz, y por mi padre, el gran Lugalbanda. Creo que tú y yo deberíamos hacer un pacto juntos. Déjame darte [*texto perdido*]. Es tuyo si me das tu poder del miedo, y estaremos unidos como parientes.

Y así, Huwawa le dio a Gilgamesh su segundo poder del miedo. Los cincuenta hombres de la banda de Gilgamesh cortaron todas sus ramas. Apilaron las ramas cuidadosamente y las ataron en manojos y las llevaron todas al pie de la montaña, donde las dejaron.

Una tercera vez Gilgamesh fue a Huwawa y dijo—: Por mi madre Ninsun, la diosa que me dio a luz, y por mi padre, el gran Lugalbanda. Creo que tú y yo deberíamos hacer un pacto juntos. Déjame darte la mejor harina que hay y el agua más fresca y fría en una piel de agua. Son tuyas si me das tu poder de miedo, y nos uniremos como parientes.

Y así, Huwawa le dio a Gilgamesh su tercer poder del miedo. Los cincuenta hombres de la banda de Gilgamesh cortaron todas sus ramas. Apilaron las ramas cuidadosamente y las ataron en manojos y las llevaron todas al pie de la montaña, donde las dejaron.

Una vez más, Gilgamesh fue a Huwawa y dijo—: Por mi madre Ninsun, la diosa que me dio a luz, y por mi padre, el gran Lugalbanda. Creo que tú y yo deberíamos hacer un pacto juntos. Aquí tengo unas hermosas sandalias grandes para pies grandes. Son tuyas si me das tu poder de miedo, y nos uniremos como parientes.

Y así, Huwawa le dio a Gilgamesh su cuarto poder del miedo. Los cincuenta hombres de la banda de Gilgamesh cortaron todas sus ramas. Apilaron las ramas cuidadosamente y las ataron en manojos y las llevaron todas al pie de la montaña, donde las dejaron.

Una quinta vez Gilgamesh fue a Huwawa y dijo—: Por mi madre Ninsun, la diosa que me dio a luz, y por mi padre, el gran Lugalbanda. Creo que tú y yo deberíamos hacer un pacto juntos. Aquí tengo algunas hermosas sandalias pequeñas para pies pequeños. Son tuyas si me das tu poder del miedo, y nos uniremos como parientes.

Y así, Huwawa le dio a Gilgamesh su quinto poder del miedo. Los cincuenta hombres de la banda de Gilgamesh cortaron todas sus ramas. Apilaron las ramas cuidadosamente y las ataron en manojos y las llevaron todas al pie de la montaña, donde las dejaron.

Una vez más Gilgamesh fue a Huwawa y dijo—: Por mi madre Ninsun, la diosa que me dio a luz, y por mi padre, el gran Lugalbanda. Creo que tú y yo deberíamos hacer un pacto juntos.

Aquí tengo algunas piedras semipreciosas, calcedonia y lapislázuli, y además un poco de cristal de roca. Son tuyas si me das tu poder del miedo, y nos uniremos como parientes.

Y así, Huwawa le dio a Gilgamesh su sexto poder del miedo. Los cincuenta hombres de la banda de Gilgamesh cortaron todas sus ramas. Apilaron las ramas cuidadosamente y las ataron en manojos y las llevaron todas al pie de la montaña, donde las dejaron.

La séptima vez que Gilgamesh fue a Huwawa. La séptima vez que Gilgamesh intercambió mercancías por el poder del miedo de Huwawa. Y así fue como Gilgamesh capturó los siete poderes de Huwawa, y cada vez que Gilgamesh tomaba uno, se acercaba un poco más a Huwawa, hasta que estaba de pie justo delante de él. Cuando estaba lo suficientemente cerca, Gilgamesh hizo como si le diera un beso a Huwawa, pero en lugar de eso tomó su puño y le dio un fuerte puñetazo a Huwawa, justo en la cara, derribándolo.

Huwawa frunció el ceño y le enseñó los dientes a Gilgamesh, pero antes de que pudiera levantarse, Gilgamesh le tiró una cuerda como si Huwawa fuera un toro salvaje. Gilgamesh ató a Huwawa con la cuerda.

—¡Me has engañado!—gritó Huwawa—. ¡Me has engañado, y me haces mal al atarme así!

Gilgamesh tomó el extremo de la cuerda y arrastró a Huwawa fuera de su guarida—. ¡Siéntate!—dijo Gilgamesh.

Huwawa se sentó y empezó a llorar. Lloró y le suplicó a Gilgamesh—. ¡Suéltame! ¡Oh, por favor, libérame! ¡Déjame hablar con Utu, dios del sol! Oh Utu, oh brillante, bien sabes que nunca conocí a mi madre o a mi padre. Bien sabes que nací aquí en las montañas y que tú fuiste quien me crió. Bien sabes que Gilgamesh me hizo un juramento, jurando por el cielo y por la tierra y por estas montañas.

Huwawa se arrodilló ante Gilgamesh. Se postró ante Gilgamesh, rogando por su misericordia.

Gilgamesh vio la miseria de Huwawa y se apiadó de él. Gilgamesh se volvió hacia Enkidu y le dijo—: ¡Suéltalo! No debemos mantenerlo cautivo. ¡Déjalo ir!

Pero Enkidu respondió—: ¿Qué es lo que dices, oh noble Gilgamesh, mi rey y mi señor? ¿Qué es lo que dices, oh Gilgamesh, toro bravo de batalla, hermoso hijo de tu madre? ¿Qué es lo que dices, oh Gilgamesh, amado por toda la gente de tu ciudad de Uruk? ¿Cómo es que puedes ser tan afortunado y tan noble y sin embargo no entiendes nada? Si lo dejas libre, ¡nunca volverás a ver tu amada ciudad! ¡Si lo dejas libre, se encargará de que nunca vuelvas a casa!

Entonces Huwawa le dijo a Enkidu—: ¿Por qué dices estas cosas? ¿Por qué le hablas mal de mí?

Cuando Enkidu oyó esto, se sintió abrumado por la rabia y le cortó la cabeza a Huwawa. Pusieron la cabeza de Huwawa en una bolsa de cuero y se presentaron ante Enlil con ella. Se postraron ante Enlil y besaron el suelo a sus pies y luego voltearon la bolsa para que la cabeza de Huwawa se derramara.

Enlil vio la cabeza de Huwawa y se disgustó—. ¿Por qué has hecho esto? No tenías órdenes de matarlo. Deberías haberlo tratado bien. Deberías haber compartido tu pan y tu agua con él. Debiste mantenerlo en el honor.

Enlil le quitó a Gilgamesh los siete poderes del miedo. El primero se lo dio a los campos. El segundo se lo dio a los ríos. El tercero fue a los juncos en sus lechos junto a los ríos. Los leones recibieron el cuarto, y el quinto que Enlil dio a los bosques. El sexto Enlil le dio al palacio, y el séptimo se lo dio a Nungal, diosa de los prisioneros. Todo el resto de los poderes de Huwawa del miedo que Enlil se guardó para sí mismo.

Parte IV: Gilgamesh y Aga

Si la ira de Gilgamesh se muestra en la historia de su encuentro con Huwawa, aquí vemos su misericordia. Cuando Aga, el rey de Kish, decide atacar Uruk, Gilgamesh defiende su ciudad, como debe hacer un rey. Pero, por supuesto, ningún ejército es lo suficientemente fuerte para enfrentarse a Gilgamesh y ganar, y el resultado del asedio de Aga es la derrota de su ejército y el propio cautiverio de Aga. Sin embargo, Gilgamesh recuerda un tiempo en que Aga lo acogió y le dio hospitalidad, así que en lugar de una retribución, Gilgamesh le da a Aga su libertad, como pago por la bondad de Aga.

Como Gilgamesh, Aga parece haber sido un personaje histórico. Enmebaragesi, el padre de Aga, ha sido identificado como un verdadero rey de Kish, lo que sugiere que Aga probablemente también existió, y el padre y el hijo fueron los dos últimos reyes de la Primera Dinastía de Kish. (Aparentemente no es el mismo Enmebaragesi que Gilgamesh menciona como su hermana en la historia de Gilgamesh y Huwawa). Enmebaragesi y Aga parecen haber gobernado Kish alrededor del 2600 a. C., aunque las historias sobre ellos entraron en el reino del mito en algún momento después de que sus reinos terminaran. Kish se encontraba entre los ríos Tigris y Éufrates en lo que hoy es el centro de Iraq.

Hubo un tiempo en que Aga, hijo de Enmebaragesi, fue rey en Kish, y Gilgamesh, hijo de Lugalbanda, fue rey en Uruk. Aga envió a sus mensajeros a Uruk, exigiendo que Gilgamesh se sometiera a él. Gilgamesh convocó a los ancianos de la ciudad y a los consejeros del rey para recibir consejo—. Todavía tenemos trabajo que hacer aquí— dijo Gilgamesh—. Hay pozos que aún deben ser profundizados y otros que aún deben ser excavados. No debemos someternos a Kish. Llevemos la batalla a ellos en su lugar.

Pero todos los ancianos y consejeros dijeron—: Sí, aún tenemos trabajo por hacer. Tenemos pozos aún por profundizar y otros por cavar, pero esto es una razón más para someterse a Kish. No debemos llevarles la batalla.

Gilgamesh estaba disgustado con las palabras de los ancianos y consejeros, así que se presentó ante los hombres de su ciudad y dijo—: Han venido enviados de Kish y han exigido que nos sometamos a ellos. Pero todavía tenemos trabajo que hacer aquí. Hay pozos que aún deben ser profundizados y otros que aún deben ser excavados. Nunca nos hemos sometido a Kish. Así que, les pregunto, ¿deberíamos llevar la batalla a ellos en su lugar?

Los hombres de la ciudad respondieron—: ¿Quién quiere bailar la asistencia a un señor extranjero? Seguramente nosotros no. ¡Nunca debemos someternos a Kish! ¡Deberíamos llevarles la batalla en su lugar! Uruk fue creado por los propios dioses, y Gilgamesh es su rey. ¡Gilgamesh es rey y guerrero, amado por el padre An! Los ejércitos de Aga no tienen esperanza de victoria. No tienen suficientes guerreros, y a los que tienen les falta valor. Nunca se enfrentarán a nosotros.

Cuando Gilgamesh escuchó la respuesta de los hombres de la ciudad, se regocijó. Gilgamesh fue a su sirviente Enkidu y le dijo— ¡Prepárate para la batalla! ¡Forjen armas, construyan armaduras! ¡Tomarás tu maza, y yo me pondré mi radiante equipo de batalla! Aga no tiene ninguna posibilidad contra nosotros. ¡Nos verá y temblará, y saldremos victoriosos!

Y así fue que no pasaron ni cinco días antes de que Aga trajera sus ejércitos a Uruk y sitiara la ciudad, y fue duro con Uruk. Gilgamesh habló a los guerreros de Uruk, diciendo—: Debemos tener un emisario, alguien que vaya a Aga. ¿Quién tiene el valor?

Bihartura, uno de los guardias reales de Gilgamesh, habló—. ¡Iré! ¡Iré a Aga, y por mí, él codiciará ante Uruk, y saldremos victoriosos!

La puerta de Uruk se abrió y Bihartura la atravesó. Pero no llegó lejos; los hombres de Kish le esperaban allí. Capturaron a Bihartura y lo golpearon fuertemente de pies a cabeza. Los hombres de Kish ataron a Bihartura y lo llevaron ante Aga. Bihartura habló con el rey de Kish, pero antes de que pudiera terminar, Aga señaló las murallas de Uruk y dijo—: ¿Quién es ese de ahí en las murallas? ¿Es tu rey?

Bihartura miró y vio que uno de los oficiales del ejército de Uruk estaba en las murallas.

—Ese no es mi rey—dijo Bihartura—. Si fuera mi rey, lo sabrías. Si fuera mi rey, te acobardarías ante él. Si fuera mi rey, una multitud caería ante él y otra multitud se levantaría para saludarlo. Si fuera mi rey, todas las naciones se inclinarían ante él, y Aga, el rey de Kish, sería atado y llevado ante él como cautivo.

Con estas palabras, los hombres de Kish golpearon a Bihartura de nuevo de la cabeza a los pies. Mientras lo golpeaban, Gilgamesh subió a la cima de los muros de Uruk y se paró sobre la muralla. Todos los que lo vieron en la ciudad se maravillaron de su gloria. Gilgamesh ordenó que se dieran mazas a los hombres de la ciudad y los puso a punto detrás de la puerta de la ciudad. La puerta se abrió, pero Gilgamesh retuvo a los hombres, enviando a Enkidu a través de la puerta solo.

En el campamento de Kish, Aga vio a Gilgamesh en las murallas, y le dijo a Bihartura— ¿Es ese hombre tu rey?

—Sí—dijo Bihartura—ese es mi rey.

Y así fue como lo que Bihartura había dicho de Gilgamesh se hizo realidad. Una multitud cayó ante él mientras otra multitud se levantó para saludarlo. Las naciones se inclinaron ante él, y Aga, el rey de Kish, fue atado y llevado ante Gilgamesh como cautivo.

Gilgamesh miró a Aga y le dijo—: Me trataste con amabilidad cuando estaba necesitado. Me acogiste y me mantuviste a salvo cuando era un fugitivo. Por lo tanto, pago esa deuda, aquí a la vista de Utu. —y con eso, Gilgamesh liberó a Aga para que volviera a su país.

Cuando el ejército de Uruk vio la forma en que Gilgamesh trataba a Aga, gritó—: ¡Alabado sea el señor de Uruk! ¡Alabado sea el que mantiene los muros construidos por el mismo An!

Sargón y Ur-Zababa

A diferencia de Lugalbanda y Enmerkar, que no se puede demostrar que hayan sido reyes reales de Sumeria, Sargón de Acadia fue un personaje histórico y el fundador del primer imperio en Mesopotamia, a menudo llamado el Imperio acadio. Las hazañas de Sargón están bien documentadas en la historia, pero también se convirtió en objeto de leyendas. Una de estas leyendas tiene que ver con el misterio de sus orígenes: como el bíblico Moisés, Sargón supuestamente fue puesto a la deriva en un río en una cesta de juncos y luego criado como un hijo por el hombre que lo encontró.

Entre las conquistas de Sargón estaba la tierra de Sumeria, y así existen cuentos sobre Sargón en fuentes sumerias y acadianas. La historia sumeria que se relata a continuación explica el ascenso inicial de Sargón al poder como sucesor de Ur-Zababa, que era el rey de Kish, una ciudad estado sumeria situada entre los ríos Tigris y Éufrates en lo que hoy es el centro de Iraq. En este relato, Sargón ya ha alcanzado el alto estatus de copero del rey. Pero la caída de Ur-Zababa ya ha sido decidida por los dioses, An y Enlil, por lo que Sargón recibe la ayuda divina de la diosa Inanna en su ascenso al poder. Como tal, esta historia es parte de una antigua tradición mayor de la mitografía como herramienta de propaganda para legitimar el gobierno de un líder.

Una parte importante de la trama de la historia tiene que ver con el intento de Ur-Zababa de deshacerse de Sargón enviándolo a un herrero para hacer un recado que se supone que llevará a la muerte de Sargón. En la colección de literatura sumeria traducida por el asiriólogo Jeremy Black y otros, Ur-Zababa ordena que Sargón y un espejo de bronce sean arrojados "en el molde [sic] como estatuas". He tomado esa descripción para indicar que Sargón iba a ser puesto en un molde usado para fundir el bronce y luego asesinado por el metal fundido vertido sobre él.

La gran ciudad de Kish estaba gobernada por Ur-Zababa. Kish era una ciudad hermosa y próspera, rodeada de fértiles campos regados por muchos canales bien cuidados. Pero el reinado de Ur-Zababa estaba a punto de llegar a su fin, ya que An y Enlil habían decretado que ya no debía gobernar la ciudad.

Uno de los trabajadores del palacio real de Kish era un hombre llamado Sargón. Su deber era supervisar las entregas de bienes al palacio. Cumplió con sus deberes a conciencia y bien, tan bien, de hecho, que el rey nombró a Sargón copero real, un cargo de gran confianza e importancia.

Llegó un momento en el que Ur-Zababa se fue a descansar. Dormía en su cama real, y mientras dormía, tuvo un sueño. Cuando se despertó, comprendió de qué se trataba el sueño. Le preocupaba, pero no se lo dijo a nadie. Pasaron cinco días después del sueño, pero no más de diez, y el rey Ur-Zababa se asustó y se puso enfermo. Se enfermó de la vejiga. No podía contener su orina, y lo que pasaba tenía sangre y pus en ella.

Mientras Ur-Zababa estaba así de afligido, Sargón se fue a su cama una noche, y también tuvo un sueño. Soñó con la diosa Inanna. En el sueño de Sargón, la diosa tomó al rey Ur-Zababa y lo ahogó en un río de sangre. La diosa le dijo a Sargón—: Hago esto por ti. —fue un sueño aterrador, y Sargón se retorció y gimió mientras dormía.

Otras personas en el palacio oyeron los gemidos de Sargón y se los contaron al rey. El rey llamó a Sargón a su presencia y le dijo—: ¿Por qué gemías en la noche?

—Estaba teniendo una pesadilla, oh poderoso Ur-Zababa—dijo Sargón.

—Háblame de este sueño—dijo el rey.

—Como quieras, mi rey—dijo Sargón—. Soñé con una joven mujer. Era la más hermosa que había visto. Era tan alta que su cabeza llegaba a los cielos. Era tan fuerte que parecía la gran muralla de una ciudad, amplia e inamovible. La mujer te ahogó en un río de sangre. Me dijo que lo había hecho por mí.

Ur-Zababa escuchó el sueño de Sargón y se asustó aún más que antes. Elaboró un plan para deshacerse de Sargón. Primero, llamó a Belishtikal, el herrero jefe. Ur-Zababa le dijo al herrero—: Ese copero mío ha tenido un sueño de mal agüero. Soñó que la dama Inanna me ahogaba en un río de sangre. Quiero librarme de Sargón. Lo enviaré a tu herrería para que haga un mandado. Le daré mi espejo de bronce y le diré que lo lleve a tu herrería en E-sikil, la Casa de la Pureza, para que lo reparen. Cuando llegue Sargón, tíralo junto con el espejo en un molde de bronce. Vierte el bronce fundido encima. Haz una estatua de él. Entonces nadie se enterará de la muerte del copero.

Belishtikal volvió al E-sikil e hizo el molde como el rey le había ordenado. Entonces Ur-Zababa llamó a Sargón. Le dio a Sargón el pequeño espejo de bronce y le dijo—: Lleva esto al herrero Belishtikal en el E-sikil. Tiene que ser reparado.

Sargón tomó el espejo y dejó el palacio para cumplir las órdenes del rey. Pero en el camino al E-sikil, la diosa Inanna se le apareció y le bloqueó el camino—. ¡No debes entrar en el E-sikil! ¡El E-sikil es la Casa de la Pureza, y tú estás manchado de sangre! ¡No entres en esa casa!

Y así fue que cuando Sargón llegó al E-sikil, no entró, sino que esperó en la puerta a que el herrero llegara a él. Sargón entregó el espejo y regresó al palacio ileso. Reanudó sus deberes como copero, y el rey no le dijo nada de lo que el recado al herrero pretendía lograr.

Pasaron cinco días, pero no más de diez, y de nuevo, el rey Ur-Zababa tuvo un sueño aterrador. Entendió lo que predijo, pero no se lo dijo a nadie más.

En los días de Ur-Zababa, la escritura ya se había inventado desde hacía tiempo. Los escribas escribían con un lápiz sobre arcilla blanda, y cuando la arcilla estaba seca, la tablilla podía ser almacenada o entregada. Era común que la gente intercambiara escritos de esta manera, pero hasta ahora, no ponían las tablillas dentro de sobres. Un día, Ur-Zababa envió a Sargón en una misión para entregar una tablilla de escritura a Lugalzagesi, el rey de Uruk. El mensaje de la tablilla le pedía a Lugalzagesi que matara a Sargón.

[*Aquí la historia se interrumpe, y las pocas líneas sobre Lugalzagesi que quedan están fragmentadas. Presumiblemente el resto de la historia nos habría contado cómo Sargón evadió ser asesinado por segunda vez y cómo llegó a tomar el trono de Ur-Zababa y así comenzar la fundación de su imperio.*]

Vea más libros escritos por Matt Clayton

Bibliografía

Barton, George A. *Miscellaneous Babylonian Inscriptions.* New Haven: Yale University Press, 1918.
Black, Jeremy et al. *The Literature of Ancient Sumer.* Oxford: Oxford University Press, 2004.
―― *The Electronic Text Corpus of Sumerian Literature* (http://www-etcsl.orient.ox.ac.uk/), Oxford 1998- .
Cohen, Sol. *Enmerkar and the Lord of Aratta.* PhD Dissertation. University of Pennsylvania. 1973.
Cooper, Jerrold S., and Wolfgang Heimpel. "The Sumerian Sargon Legend". *Journal of the American Oriental Society* 103/1 (1983): 67-82.
Echlin, Kim. *Inanna: A New English Version.* Toronto: Penguin Books, 2015.
Gadotti, Alhena. *Gilgamesh, Enkidu, and the Netherworld and the Sumerian Gilgamesh Cycle.* Boston: De Gruyter, Inc., 2014.
George, Andrew, trans. *The Epic of Gilgamesh: The Babylonian Epic Poem and Other Texts in Akkadian and Sumerian.* London: Penguin Books, Ltd., 2000.
Hallo, William W., ed. *The Context of Scripture: Canonical Compositions, Monumental Inscriptions, and Archival Documents from the Biblical World.* 3 Vols. Boston: Brill, 2003.

Hooke, Samuel Henry. *Middle Eastern Mythology*. Baltimore: Penguin Books, 1963.

Kramer, Samuel Noah. "The Sumerian Deluge Myth: Reviewed and Revised". *Anatolian Studies* 33 (1983): 115-121.

——. "Interim Report on Work at the Museum at Istanbul". *Bulletin of the American Schools of Oriental Research* 104 (1946): 8-12.

——. *Sumerian Mythology: A Study of Spiritual and Literary Achievement in the Third Millennium B. C.* Philadelphia: The American Philosophical Society, 1944.

——. *Gilgamesh and the* Huluppu-*Tree: A Reconstructed Sumerian Text.* Chicago: University of Chicago Press, 1938.

Lambert, W. G. *Babylonian Creation Myths.* Winona Lake: Eisenbrauns, 2013.

Langdon, Stephen Herbert. *Mythology of All Races.* Vol. 5: *Semitic.* New York: Cooper Square Publishers, 1964.

——. *Sumerian Epic of Paradise, the Flood, and the Fall of Man.* Philadelphia: University of Pennsylvania University Museum, 1915.

Leeming, David Adams. *The World of Myth: An Anthology.* Oxford: Oxford University Press, 1990.

Leick, Gwendolyn. *Sex and Eroticism in Mesopotamian Literature.* London: Routledge, 1994.

——. *A Dictionary of Ancient Near Eastern Mythology.* London: Routledge, 1991.

Mark, Joshua J. "Sargon of Akkad". *Ancient History Encyclopedia*, 2 September 2009. https://www.ancient.eu/Sargon_of_Akkad/.

Meador, Betty De Shong. *Inanna, Lady of Largest Heart: Poems of the Sumerian High Priestess Enheduanna.* Austin: University of Texas Press, 2000.

Pritchard, James B., ed. *Ancient Near Eastern Texts Relating to the Old Testament.* 3rd ed. Princeton: Princeton University Press, 1969.

Wolkstein, Diane, and Samuel Noah Kramer. *Inanna, Queen of Heaven and Earth: Her Stories and Hymns from Sumer.* New York: Harper & Row, 1983.

Glosario

Abu	Dios creado por **Ninhursag**
Adgarkidu	Hija del dios **Numushda** y de la diosa **Namrat**; esposa del dios **Martu**
Aga	Rey de la ciudad-estado **Kish**; gobernado en 2600 a. C.
Amorites	Antiguos pueblos nómadas de lo que hoy es Siria
An	Dios del cielo; suprema deidad sumeria; hijo de **Apsu** y **Namma**; uno de los **Annunaki**
Annunaki	Los dioses mayores o más antiguos
Pájaro Anzu	Mítica criatura de pájaro con cabeza de león
Apsu, el	Lugar de residencia de **Enki**; también se refiere tanto a las aguas subterráneas como a los pantanos de agua dulce de Sumeria
Aratta	Ciudad mítica muy rica, rival de **Uruk** and **Kulaba**
Aruru	Otro nombre para **Ninhursag**
Asag, el	Monstruosa criatura demoníaca derrotada por **Ninurta**
Azimua	Diosa creada por **Ninhursag**; esposa de **Ningishzida**

Babilonia	Antigua ciudad mesopotámica en lo que hoy es Irak
Bau	Diosa de la curación y consorte de **Ninurta**
Belishtikal	Herrero de bronce en la historia de **Sargón** y **Ur-Zababa**
Bihartura	Soldado en el ejército de **Gilgamesh**
Dilmún	En el mito sumerio, un tipo de paraíso terrenal; en realidad era una región y una cultura en el borde oriental de la península Arábiga a lo largo del golfo Pérsico
Dumuzi	El dios pastor que se convierte en el marido de **Inanna**
E-kur	Casa mítica del dios **Enlil** en **Nippur**; también se refiere al templo físico construido por los sumerios para la adoración de Enlil
E-sikil	Templo mencionado en la historia de **Sargón** y **Ur-Zababa**
Ebih	Montaña en la cordillera de Zagros; en el mito se niega a inclinarse ante **Inanna** y es castigada por ello
Elam	Antiguo país de la costa nororiental del golfo Pérsico en lo que hoy es Irán
Enbilulu	Dios de los canales; hijo de **Enlil** y **Ninlil**

Enegir	Ciudad mencionada en el mito del viaje de **Nanna** a **Nippur**
Enheduanna	Hija de **Sargón de Acad**, alta sacerdotisa de **Inanna** y **Nanna** en **Ur**, primera autora nombrada en la historia
Enki	"Señor Tierra"; dios creador y embaucador, asociado principalmente con el agua; vive en el **Apsu**; hijo de **An** y **Namma**; uno de los **Annunaki**
Enkidu	Compañero sirviente de **Gilgamesh**
Enkimdu	Uno de los varios dioses sumerios de la agricultura
Enlil	"Señor Aire"; dios principal del panteón sumerio; vive en el **E-kur**; uno de los **Annunaki**
Enmebaragesi (i)	Hermana de **Gilgamesh**
Enmebaragesi (ii)	Rey histórico de la ciudad-estado de **Kish** y padre de **Aga**
Enmerkar	Rey pseudohistórico de **Uruk**; supuesto padre de **Lugalbanda**; supuesto abuelo de **Gilgamesh**
Enshagag	Dios creado por **Ninhursag**; dado **Dilmún** como su dominio
Ensuhkeshdanna	Rey mítico de la ciudad-estado de **Aratta**; rival de **Enmerkar**
Ereshkigal	Diosa del inframundo

Gilgamesh	Hero mítico; probablemente basado en un rey sumerio histórico que fue divinizado y mitificado; supuesto hijo de **Lugalbanda** y nieto de **Enmerkar**
Hamazu	Lugar mencionado como hogar del hechicero **Urgirinuna** en la historia de **Enmerkar** y **Ensuhkeshdanna**
Árbol Huluppu	Árbol mítico rescatado de un río por **Inanna**; posiblemente un sauce
Huwawa	Mítico ser enviado a custodiar la **montaña de Cedro** por **Enlil**; capturado por **Gilgamesh** y asesinado por **Enkidu**
Id-kura	El río que separa la tierra de los vivos del inframundo
Igigi	Los dioses menores o más jóvenes
Inab	Ciudad mencionada en la historia del matrimonio de **Martu**
Inanna	Diosa de la fertilidad, la procreación y la guerra; a menudo identificada con el planeta Venus; una de los **Annunaki**
Isimud	Asesor de **Enki**
Kalkal	Guardián del **E-kur** en **Nippur**
Ki-ur	Lugar mencionado en el mito de **Enlil** y **Ninlil**
Kish	Antigua ciudad mesopotámica entre los ríos Tigris y Éufrates en lo que hoy es Irak

Kulaba	Otro nombre para **Uruk**
Larsa	Ciudad mencionada en la historia del viaje de **Nanna** a **Nippur**
Lilith	Mujer demonio que habita en el **árbol huluppu**
Lugalbanda	Rey pseudohistorico de **Uruk** y héroe mítico; supuesto padre de **Gilgamesh** e hijo de **Enmerkar**
Lugalzagesi	Último rey de Sumeria antes de la conquista de **Sargón de Acadia**
Lulubi Mountains	Parte de la cordillera de Zagros, ahora en la frontera entre Irak e Irán
Magan	Lugar mencionado en la historia de **Enki** y **Ninhursag**; puede haberse referido al Alto Egipto
Martu	Dios que representa al pueblo **Amorreo**
mikku	Palo usado en un antiguo juego de pelota sumerio
Montañas de Cedro	Lugar mítico donde vive la criatura **Huwawa**
Namma	Diosa madre; esposa y madre de **An**; madre de **Enki**
Namrat	Esposa del dios **Numushda**
Namtar	Dios del destino; visir de **Ereshkigal**

Nanna	Dios de la luna; hijo de **Enlil** y **Ninlil**; uno de los **Annunaki**
Nazi	Diosa de la justicia y el comercio; hija de **Ninhursag** y **Enki**
Nergal	Dios de la Guerra; consorte de **Ereshkigal**; hijo de **Enlil** y **Ninlil**
Ninazu	"Señor Sanador"; hijo de **Enlil** y **Ninlil**; dios de las fronteras
Ningirida	Diosa de **Enegir**
Ningishzida	"Señor del Buen Árbol"; dios asociado con el inframundo
Ninhursag	"Señora de las Colinas Salvajes"; diosa creadora y consorte de **Enki**; una de los **Annunaki**
Ninkasi	Diosa que cumple deseos
Ninkura	"Señora de la Tierra"; hija de **Enki** y **Ninsar**
Ninlil	"Señora del Aire"; consorte de **Enlil**; madre de **Nanna**, **Nergal**, **Enbilulu**, y **Ninazu**
Ninmah	Otro nombre para **Ninhursag**
Ninsar	Hija de **Enki** y **Ninhursag**
Ninsikila	"Señora de la Pureza"; hija de **Enki**; Asociada con **Dilmún** en la historia de **Enki** y **Ninhursag**

Ninsun	"Señora de las Vacas Salvajes"; madre de **Gilgamesh** y esposa de **Lugalbanda**
Ninsutu	Diosa creada por **Ninhursag**; consorte de **Ninazu**
Ninti	Diosa creada por **Ninhursag**; asociada a los calendarios
Nintul	Dios creado por **Ninhursag**; señor de **Magan**
Ninunuga	Diosa de **Shuruppag**
Ninurta	Héroe de la agricultura; asociado con el juicio legal; hijo de **Enlil** y **Ninhursag**; asesino del **Asag** y portador del **Sharur**
Nippur	Ciudad en la Antigua Sumeria entre los ríos Tigris y Éufrates en lo que hoy es Irak
Nisaba	Diosa asociada con el grano; también vista como patrona de los escribas
Numushda	Dios mencionado en la historia del matrimonio de **Martu**; padre de **Adgarkidu** y consorte de **Namrat**
Nunbarshegunu	Madre de **Ninlil**
Nuska	Asesor de **Enlil**; titulado "Maestro constructor del E-kur" en la historia de **Enlil** y **Ninlil**
Peshtur	Hermana de **Gilgamesh**

pukku	Pelota usada para un antiguo juego sumerio
Rimush	Hermano de **Enheduanna**
Sagburu	Una "mujer sabia" de **Uruk** que derrota al hechicero **Urgirinuna**
Sargón de Acad	Rey histórico y creador del imperio Acadio
Siete, los	Guerreros divinos, cada uno con diferentes atributos
Sharur, el	La maza de batalla sensible perteneciente a **Ninurta**
Sherida	Diosa mencionada en la historia del viaje de **Nanna** a **Nippur**; consorte de **Utu**
Shuruppag	Ciudad en la Antigua Sumeria mencionada en la historia del viaje de **Nanna** a **Nippur**
Sin	Otro nombre para **Nanna**
Subir	Región de la Alta Mesopotamia
Suen	Otro nombre para **Nanna**
Tummal	Ciudad en la Antigua Sumeria mencionada en la historia del viaje de **Nanna** a **Nippur**
Umul	Criatura creada por **Enki** en su concurso con **Ninmah**; ya sea un adulto gravemente discapacitado o el primer bebé

Ur	Antigua ciudad sumeria en la orilla sur del Éufrates, en lo que hoy es Irak
Ur-Zababa	Rey del **Kish**
Urgirinuna	Hechicero que intenta ayudar a **Ensuhkeshdanna** a ganar su concurso con **Enmerkar**
Uruk	Antigua ciudad sumeria; hogar de **Enmerkar, Lugalbanda,** y **Gilgamesh**; rival de **Aratta**
Uttu	Diosa del tejido; hija de **Enki** y **Ninkura**
Utu	Dios del sol
Montañas Zabu	Nombre antiguo de las montañas de Zagros, que atraviesan la parte sur de Turquía y luego giran al sureste para correr entre Irán e Irak y desde allí a lo largo de la costa oriental del golfo Pérsico
Zangara	Dios de los sueños

Traducciones de nombres extraídos de Gwendolyn Leick, A Dictionary of Ancient Near Eastern Mythology (Londres: Routledge, 1991).

www.ingramcontent.com/pod-product-compliance
Lightning Source LLC
Chambersburg PA
CBHW020109240426
43661CB00002B/93